冷戦後の日本外交

高村正彦
兼原信克 川島真 竹中治堅 細谷雄一

新潮選書

はじめに

兼原信克（元内閣官房副長官補・国家安全保障局次長）

本書は、平成時代に二度にわたり外務大臣を務めるなど、冷戦後の日本外交に大きな足跡を残した政治家・高村正彦氏のオーラルヒストリーである。

高村氏の活躍した平成期は、戦後日本の原型が大きく変容した時代だった。冷戦が終結すると、自民党と社会党・共産党が対峙する国内冷戦構造（55年体制）も音を立てて崩れた。戦後憲政史上、初めて国民が主権を行使し、政権は頻繁に交代し、衆参両院の多数は幾度もねじれた。昭和の官僚主導が廃れ、民主主義国家に相応《ふさわ》しい政治主導が立ち上がった。

日本は戦後、吉田茂、岸信介といった宰相たちの英断によって、日米同盟の下で軽武装と安全保障を両立させた。経済復興と高度成長に邁進し、国民皆保険の福祉国家を実現させた。平成時代には、この完成された戦後日本の構造が大きく揺らいだ。国内では、少子高齢化、人口減少、産業の空洞化、経済の低迷、長期のデフレ、税収の減少、財政赤字の肥大化などが問題となり、対外的には湾岸戦争、ソ連の消滅、北朝鮮の核武装、9・11同時多発テロとアフガニスタン戦争などの波乱が続いた。今世紀に入り、一方的な現状変更を試みる中国の台頭は著しく、それに対する西側は相対的に縮小し、グローバルサウスの比重も増大している。

しかし、この平成の時代に、敗戦と冷戦のくびきから解き放たれた日本外交は大きな飛躍を遂げた。国家としての生存本能が目覚め、国民に現実主義が戻ってきた。そして日本は、21世紀の国際政治において応分の責任を果たし、世界的なリーダーシップを担おうとするようになった。後に振り返ればくっきりと見えるこの日本外交の航跡も、歴史の荒波をもろにかぶりながら舵を取っていた当時の人々には見えていない。彼らには、まるでジェットコースターに乗ったかのように、目の前で次々と断片的な風景が現れては飛んでいったはずである。

冷戦後の日本外交を牽引した政治指導者としては、北朝鮮核危機に遭遇し日米ガイドラインを改定した橋本龍太郎総理、周辺事態法（現・重要影響事態法）を制定した小渕恵三総理、アフガン戦争の際に自衛隊をインド洋に送りこみ9・11同時多発テロの国際危機を乗り切った小泉純一郎総理、吉田、岸の血脈を引き、国家安全保障会議を立ち上げ、戦後の憲法論争に決着をつけて集団的自衛権の行使を是認した安倍晋三総理、及び第二次安倍内閣で副総理兼財務大臣を務めた麻生太郎総理といった歴代総理の名前が挙がる。

しかし、平成の御代の外務大臣として、外政家の令名を後世に残すのは、おそらく高村正彦外務大臣であろう。高村氏は、村山内閣で経済企画庁長官、橋本内閣で重量級の外務政務次官、小渕内閣で外務大臣、森内閣で法務大臣、第一次安倍内閣で防衛大臣、福田内閣では再度外務大臣を務めた。小渕内閣時代の周辺事態法の採択は、日米同盟に対する大きな貢献であった。第二次安倍政権では自民党副総裁として公明党の北側一雄副代表と共に与党協議をまとめ上げ、集団的自衛権の限定行使を可能とした平和安全法制を成立させ、戦後日本の安全保障政策の転換に大きな足跡を残した。高村氏の活躍なくして、今日の日本の安全保障法制も、安全保障政策もない。

日米同盟が今日、アジアのみならず国際社会の平和と安定を支える堂々たる梁の一本となったのには、高村氏の貢献が非常に大きい。

外政家による外交は国政を司る政治家のそれであり、職業外交官の外交とは大きく異なる。高村氏は番町政策研究所（旧河本派）の領袖であり、2003年には総裁選に立候補し、16名の小派閥でありながら54票を集めて政治力を誇示した政治家である。外政家とは、国内政治、財政、経済などのすべてに目配りしつつ、統治者の責任を負って日本外交の舵取りを担う政治家のことである。真の外政家だけが、内政と外交の優先順位を差配できる。中長期的な国益を見据えて、国内外から押し寄せる時代の荒波に右往左往せず、日本丸という巨船の舵取りを担うことができる。

高村氏は、政権の内にあろうとなかろうと、優れた戦略眼と国際正義を見抜くリーガルマインドをもって、北極星のように日本外交の正しい方向を指し示し続ける存在であった。初当選の時から一貫して変わらない「外交の失敗は一国を滅ぼす」という信念の高村氏の軌跡は、まさに日本外交に捧げた外政家のそれである。

本書は、気鋭の政治学者、外交史家である川島真東京大学教授、竹中治堅政策研究大学院大学教授、細谷雄一慶應義塾大学教授と共に、冷戦終了直前から始まった平成時代の日本外交の航跡を、高村氏ご自身の言葉で語っていただこうとして企画したものである。通常、高名な政治家のオーラルヒストリーとなると、重厚な装幀のハードカバーとして出されることが多いが、本書は冷戦後の日本外交の歩みを辿った外交史研究、外交リテラシーを向上させるための教養書という面も強く持つため、敢えて選書という出版形式を選んだ。

収録は、東京・永田町の自民党本部・憲法改正実現本部最高顧問室及び神楽坂の新潮社で計3回行った。また、本書の上梓に当たっては、かつて高村氏が平和安全法制制定の政治過程を語られた新潮新書『国家の矛盾』（三浦瑠麗氏との共著）の編集を担当された横手大輔氏に再びご尽力をいただき、同志社大学大学院生の木南航大君に事前の資料作成でお世話になった。これらの方々のご尽力なくして、この本が世に出ることはなかった。この場を借りて、深く御礼を申し上げたい。

冷戦後の日本外交　目次

はじめに　兼原信克　3

第1章　外交の失敗は一国を滅ぼす　15
近衛内閣の秘書官だった父の言葉
大平内閣のハプニング解散で議員に
国防部会に所属し、防衛政務次官に
政務次官として初めてアメリカ訪問
政務次官人事はどう決まるのか
徐々に焦点化してきた自衛隊の海外派遣

第2章　国際貢献と世論の狭間で　36
支持率20%に届かなかった国連平和協力法案
国民が丸ごと騙された政治改革
8党連立と自社さのどちらが野合だったのか
村山内閣の経企庁長官として
靖国問題が拡大した理由

第3章　外務政務次官として世界を奔走　57
ペルー大使公邸人質事件
イラン訪問
ミャンマー軍事政権も内実はさまざま
カンボジア総選挙の地ならしに奔走
告げ口外交は日本の専売特許にあらず
拉致問題の「定番フレーズ」を案出
派閥には合理性がある

第4章　小渕内閣の外務大臣　80
野中広務がつぶやいた「おい、ブレちゃったな」
中国の外相が「今度の外務大臣はおたくでしょ」
自自公連立の動きを知らずプチトラブル
空想的平和主義の「エコシステム」
江沢民訪日の裏側
対日外交で韓国を気にする中国
台湾は徹底的に現状維持で
「国益」「戦略」という言葉は外務省でタブーだった

金大中は「許す人」
インドの核実験、G4、TICAD
周辺事態法

第5章　森内閣から小泉内閣へ　*116*

派閥の会長に就任
対ロ外交が動かない理由
2001年の総裁選
イラク戦争の支持演説
小泉絶頂期の2003年の総裁選に出馬した理由
小泉総理は安保理常任理事国入りに反対だった
小泉改革は「何もない」

第6章　日中関係が良好だった季節　*142*

わずか1カ月の防衛大臣
日中議連の会長に
2008年頃は友好的だった日中関係
憲政を歪めた漁船衝突事件の処理

第7章　民主党政権から安倍政権へ　160
2012年の自民党総裁選
派閥として安倍氏を支持
TPPの基本方針を巡り日米を仲介
第8章　平和安全法制　174
安保法制の前史
左右双方から攻撃を受けた「一部容認論」
70年談話で獲得した国際世論の支持
立憲主義を勘違いしていた人たち
大江健三郎を嫌いになれない理由
積み残した憲法改正
おわりに　高村正彦　198
本書関連年表　202

冷戦後の日本外交

第1章　外交の失敗は一国を滅ぼす

兼原　皆さん、お集まりいただきありがとうございます。今回、平成時代の日本外交を切り盛りされた外政家である高村先生の来し方をご自身の言葉で伺いたいと考え、この企画をお願いしました。

私は職業外交官でしたが、実は職業外交官がやれる外交の範囲というのはかなり狭いんです。職業外交官は、いわば水先案内人で、本船の船長は外政家です。本当の外交は外政家の世界なんです。国の方針を左右するような政策を決断しようとしたら、政治家は、政府内の官僚や自衛官を抑えるだけでなく、与党内を調整し、野党と協議し、国民世論を説得し、選挙に勝たなければならない。強い首脳が安定した権力基盤を有し、優れた外相が首脳を代弁していなければ、外国政府も相手にしない。支持率も、政局の動きも、景気さえも気になります。そこには職業外交官の世界とはまったく違う政治の論理が働きます。だからこそ政治家は、国を動かせるのです。

国家機構の最高レベルに身を置き、外務大臣や外務政務次官、防衛大臣、法務大臣などを歴任されながら、ライフワークとして外交を手掛けてきた高村さんは、総理になられた方を別にすれば、冷戦後の日本外交において傑出した外政家だと思います。

高村さんを傍らで見ていてずっと思っていたのは、独特の戦略観とリーガルマインドをお持ちであるということです。自民党と社会党が全面的にぶつかった55年体制下では、イデオロギーにまみれた安全保障論議が横行し、非武装中立がいいとか、憲法9条2項があるから自衛隊はいらないといった、現実離れした主張が主に革新陣営からなされていました。

冷戦期の東西対立を国内にそのまま持ち込んだ55年体制では、右に行くか左に行くかという不毛な一次元の論争しかなかった。革新陣営は、日米同盟や防衛力整備を唱える保守陣営に対して頭から何でも反対だった。それに対し、高村さんは「この国と国民生活を守るためにはどうしたらいいのか」という、国家安全保障の一番根っこの部分から発想される。出発点がリアルな問いですから、そこに立脚する議論は空想的なものには絶対にならない。また、「正義はどこにあるのか」を直感で見抜く、ロイヤーとしてのリーガルマインドもお持ちでした。だからこの混乱の時期に、日本外交を引っ張っていただけたんじゃないかと思っています。

今回のオーラルヒストリーでは、高村さんの軌跡を極力時系列で追いながら、冷戦後の日本外交について考えていければと思っています。よろしくお願いします。

高村　了解しました。

近衛内閣の秘書官だった父の言葉

竹中　東西の冷戦が終結した頃、高村さんは当選4回の若手代議士でいらっしゃいました。今回のオーラルヒストリーでは外交安全保障が主なテーマになりますが、前史としてまず、議員になられた経緯からお聞かせいただけますか。

高村　私の父親は内務官僚でしたが、近衛内閣の当時に近衛文麿首相の秘書官をつとめていました。そういうとエリートと思うかもしれませんが、親父は高等小学校しか出ていない、醬油屋の小僧でした。それで独学で中学検定試験、高文予備試験、高文試験を通った。内務省を受けた時に「君の履歴書は間違っている」と言われたそうです。なぜかというと、その三つの試験を同じ年に通っていたから。

そういう経歴もあって、エリート同士の付き合いに忖度せず理屈だけでものを考える人でした。だから、アメリカと戦争しても負けるに決まっていると考えていた。近衛総理も同じ考えだけれども、親父にはどうもふらふらしているように感じられたらしい。うちのお袋に言わせると、秘書官当時は結構怒っていたそうです。

その父から、小学生の頃、何度か聞いた言葉があります。「内政の失敗では一内閣が倒れればたりるが、外交の失敗は一国を滅ぼす」と。

実はこれ、父が近衛公から聞いた言葉なんです。二度ほどそういうことがあった。1回目は、内政の重要な会議を開く予定にしていても近衛さんが「いま外交で忙しい」と言ってすっぽかしてしまうことが続いたので、内務省出身の秘書官だった父が苦言を呈したら、「外交の失敗は一国を滅ぼす（だから内政のことは後回しにさせてくれ）」と返されたと。あの頃、近衛公と当時のグルー駐日アメリカ大使が非常にいい関係だったので、日米関係を何とか立て直そうと、命懸けでやっていたのでしょう。

2回目は、東条英機陸軍大臣と近衛首相が1対1で話した直後です。対アメリカの戦争に踏み切ってくれれば国民は大喝采する、内閣の不和も一切解消する、近衛公のためにもこれはいいことではないか、と東条さんに迫られた。その後、近衛公は自宅の荻外荘《てきがいそう》に戻ってきて冷酒を一気に3杯飲み、そこで東条陸相に対する反論として「外交の失敗は一国を滅ぼすんだ」と父に言ったというんですね。その近衛公の言葉を親父なりにまとめたものが私の頭に入ってきていたわけです。

玉音放送の時に、クーデター未遂がありましたよね（1945年8月14日夜から15日にかけて一部の陸軍将校が決起。近衛師団長を殺害し、皇居や放送会館を占拠して玉音放送の原盤を奪おうとした事件。15日朝に鎮圧された）。あのクーデター未遂騒ぎを見て親父は、世の中はああいう勢力のほうがずっと強いんだということがわかって、直情径行の自分からはふらふらしているようにみえた近衛公の態度にも理由があったのだな、ということを理解して、戦後は近衛公のことをそれなりに評価していました。

細谷　「外交の失敗は一国を滅ぼす」という認識は、吉田茂の『回想十年』に出てきます。これはアメリカのハウス大佐という、ウィルソン大統領の補佐官が繰り返し言った言葉なんです。吉田茂は第一次大戦後のパリ講和会議でこの言葉を聞いていますが、近衛公もパリ講和会議にいましたから、ハウス大佐から直接聞いたか、あるいは親しかった吉田茂から聞いたのかもしれませんね。

大平内閣のハプニング解散で議員に

高村　「外交の失敗は一国を滅ぼす」という言葉は、なぜか私の頭の中にずっとありましたが、じゃあ自分が政治家になろうという思いがあったかというと、子どもの頃は全くないです。うちの親父は衆議院選挙だけに限れば2勝5敗、その前に戦後第1回の知事選（山口県）にも出ていますが落ちています。政治家になるのがどれだけ大変かは、よくわかっていました。

昭和55年（1980年）の初当選当時、私は弁護士をしていました。通るはずのない内閣不信任案が通って大平内閣のいわゆる「ハプニング解散」があり、衆参同日選挙になった。それがなければ私は政治家になっていない。

竹中　そうなのですか。

高村　あれがなければ、優雅な弁護士として左団扇で暮らしていたはずです（笑）。私は今、自由民主法曹団という自民党の顧問弁護団の名誉顧問をしていますが、その頃、自由民主法曹団の前身で労政法曹団というのがあって、まだ顧問弁護団には正式になってなかったけれども自民党の仕事の手伝いをしていました。

東京育ちで東京の町弁護士をやりながら山口県から選挙に出たって、勝てる見込みはない。私の当時の選挙区（旧山口2区）にある田布施町というところは、それこそ岸信介さん、佐藤栄作さんの郷里なんですが、私はそこに1年くらい疎開した以外、山口県に住んだことがない。

父は初めて当選する前に2回落ちて、その後にまた2回落ちて、それで徳山市長に転身しました。徳山市長を4期やって、その後18年ぶりに国会に返り咲く。そこで3年間やって昭和54年10月の選挙でまた落ちた。尊敬する親父があれだけ頑張って2勝5敗なんですよ。

当時、私の中央大学の2年先輩である沖村さんという人が科学技術庁に勤めていて、科学技術庁長官の長田裕二さんの秘書官をやっていました。その秘書官仲間とか役人を集めて、私も勉強会をやっていたんです。後でわかりましたが、沖村さんには最初から私を国会に出そうという魂胆があったらしい。

労政法曹団は昭和34年に、森山欽司さんの示唆を受けて当時なりたての弁護士たちで結成されました。森山欽司さんは大平内閣の運輸大臣で三木派の幹部でしたが、三木武夫さんに、高村さんももう70歳を過ぎているからやめるだろうけど、息子に弁護士がいるぞ、という話をしたらしい。三木さんは父に、弁護士の息子を出さないかという話をした。当時、最後の選挙で応援してくれた市会議員たちは、もう親父は終わりだと思っていたから、早く吹田派か佐藤派にいきたくてしょうがなくて（注　吹田愰と佐藤信二。いずれも旧山口2区選出の自民党代議士。吹田愰は岸信介の後継者、佐藤信二は佐藤栄作の息子）、もう後援会は解散してくれと親父に言っていた。そういう時に三

高村正彦　1942年3月15日生まれ。中央大学法学部卒。弁護士、元衆議院議員。1980年に初当選し、以来連続12回当選（旧山口2区、現山口1区）。94年の村山内閣で経済企画庁長官として初入閣。以来、橋本内閣で外務政務次官、小渕内閣で外務大臣、森内閣で法務大臣、第一次安倍内閣で防衛大臣、福田内閣で外務大臣を務めた。第二次安倍内閣の時代には、自民党副総裁として集団的自衛権の限定行使を容認した平和安全法制の制定に尽力。2017年に衆議院議員を引退。現在は自民党憲法改正実現本部最高顧問。

木さんから話があって、親父に「どうする？」と聞かれたから、俺は出ないよ、と言い父は後援会を解散した。なのに半年も経たず1980年5月にハプニング解散です。

そうしたら沖村さんが、ぜひ出ろ、と言ってきた。私は当時から、「振り子を真ん中に」なんていうことをよく言っていました。戦前、ぐーんと右にいった振り子が、負けた途端にぐーんと左にいって、軍国主義が空想的平和主義になっちゃったから、真ん中の現実的平和主義に戻さなきゃいけない、なんてことを言っていましたから、脈有りと踏んでいたのでしょう。結局、公示の12日前に出ると決断しました。

川島　沖村さんは、沖村憲樹さんですか。科技庁からＪＳＴ（科学技術振興機構）にいらした。

高村　そうです。彼は国士でしょ。今、中国嫌いの人たちからずいぶん睨まれちゃっていますが。

当時の私が出馬を決断したのは、大きな組織を動かすには時間がかかるけれども、こういう時なら大きな組織も準備が出来ていないだろうから、こっちが小さくても機動力で戦えるんじゃないか、と考えたからです。出ると言ったら、親父は政治家は尊い仕事だと思っていたので大喜びしました。そして、「一度出ると決めたら、（一回落ちたくらいでやめずに）二度でも三度でもやらなきゃだめだぞ」と言いました。私は、こういう時だからこそひょっとしたら受かるかもしれないけど、東京で町弁護士やってて補給が続くはずがないんだから、二度も三度もできるはずはない、って腹の中では思っていましたが。

選挙戦には三木先生が応援に来てくれて、親父と同じことを言っていました。君、決意したんだから二度でも三度でも出ろ、と。後半戦には河本敏夫先生も応援に来てくれた。「安倍（晋太郎）君に、高村はすごい人気だ。ひょっとしたら受かるかもしれんぞ、と言われた」と。これはすごい励みになりました。結局、中選挙区の5人区で3位当選です。

竹中　素晴らしい結果ですね。勝因はどこにあったのでしょうか。

高村　1位佐藤さん、2位吹田さん、3位高村の順でした。親父が一番取った時の票よりもずっと多くの票を取りました。これは、一つには大平さんが途中で亡くなったという弔い合戦の状況があったことと、もう一つは「非武装中立なんておとぎの国のようなことを言ってちゃダメだ」という中核のメッセージが刺さった。政見放送では、それを中核に据えて訴えました。

竹中　ずいぶん硬派ですね。有権者のため福祉政策などを中心に訴えたのではなかったのですね。

細谷　それは山口県の保守的な風土とは関係ないんですか。

高村　あの頃の山口2区は、佐藤さん、吹田さんが圧倒的に強かった。あとは社会党、公明党、民社党。岸さん佐藤さんがいたから保守王国と言われるけど、自民党2人と社会党、公明党、民社党の3人で定着していたんです。私が出た時の某週刊誌の予測では、現職5人が当確の二重丸で、いやしくも自民党公認を受けた私には黒三角（劣勢）さえついていなくて無印でした。その同じ週刊誌が、私が当選を重ねると「高村は二世だから苦労していない」と書くんだから（笑）。

当時、選挙期間が20日間ぐらいありましたが、その前の準備を含めた約1カ月で7キロ痩せました。当時60キロちょっとくらいで、ただでさえ痩せていた私が53～54キロになりました。点滴打ちながらやっていましたね。

後の話になりますが、私が防衛政務次官の時に、初当選当時の山口駐屯地第17普通科連隊の連隊長にばったり会ったんですよ。その人がこんな話を教えてくれました。「久しぶりに自民党から新人が出たけど、（リベラル系の）三木派か。だめだな」って幹部たちが言っていた。だけど政見放送を見て、これはいいじゃないか、となった、と。自衛官は国家公務員ですから、みんなで応援したとは言っていませんでしたが、これはいいじゃないかと話し合ったんだそうです。

竹中　高村さんは三木派ですが、非武装中立はけしからんとはっきりおっしゃっています。ここは三木派のイメージとちょっと違う感じがしますが。

高村　ちょっと余談めきますが、平和安全法制が通った後、三木さんの長男に道でばったり会ったんですよ。彼は高碕達之助のお孫さんと結婚して、東洋製罐の社長、会長を務めた人です。彼に、「三木先生だったら平和安全法制に賛成してくれたかな？」って聞いたら、「それはしますよ、政治家だから」と言っていました。

三木先生のところには、右から左までいろんな人が来ていました。三木さんは第二次大戦中の翼賛選挙で非推薦候補として出馬して当選し、おなじく非推薦で当選してきた安倍寛さん——安倍晋三さんのおじいさんですね——なんかと一緒に戦争反対の論陣を張っていた。日米戦うべからずという平和主義者でした。

国防部会に所属し、防衛政務次官に

竹中　議員になられて、部会はどちらに所属されたのですか。

高村　自民党の部会というのは、どこに顔を出してもいいんです。いろんな部会に顔を出していましたが、最初から国防部会にも出ていました。

国防部会は参加する議員が非常に少なかったんですよね。ひな壇にいる偉い人たちのほうが多いくらいでした。そこで麻生太郎さんにばったり会ったんですよ。「おっ、おまえもいるのか」って言われたから、「あまりに少ないからいるけど、ここが溢れかえるようになったら私はいなくなります」って答えた。

竹中　振り子のような感じですね。

高村　麻生さんとの話ではちょっと面白いことがあってね。私は武蔵野青年会議所というところに所属していたので、武蔵野青年会議所の人たちが、日本青年会議所会頭だった麻生さんに、「今度高村というのが通ったからよろしくご指導ください」なんて言っていたらしい。その後、麻生さんが山口の青年会議所に行って、ここから出ているのは誰だと聞いたら、高村というのが今度新しく出たんです、と聞かされた。あれ、東京から出たんじゃないの？って、なったらしい。麻生さん本人からは聞いていませんが、山口の青年会議所の人間と武蔵野の青年会議所の人間の両方からそういう話を聞きました。

竹中　議員になった最初から安全保障を重視されていたのですか。

高村　外交安全保障をやるということは最初から決めていました。日米関係のために防衛と貿易が大事だとは思っていましたが、防衛については何も知らなかった。「振り子を真ん中に」なんて言っていたけれど、防衛の勉強をしたかといったら一秒たりともしたことはない。だから国防部会にでも行って、ゼロから勉強する以外にないな、と。外交は常識である程度わかるので、外交部会は後回しにしました。

竹中　80年代の国防部会ではどんな議論が行われていたのですか。

高村　覚えていることは何もないですね。役所の報告を受けて、そうかそうかと思っていたぐらいです。1987年に竹下内閣で防衛政務次官になりましたが、その時も何も知らなかった。山口駐屯地まで行って自走砲というのに乗せてもらって、帰ってきて「戦車に乗った」と言ったら、「政務次官、山口に戦車はありませんよ」って言われてしまった（笑）。その程度の知識でしたよ。

防衛政務次官になって一番大きかったのは、西廣さんという人と知り合ったことです。

竹中　「ミスター防衛庁」と言われた西廣整輝事務次官ですね。

高村　そのミスター防衛庁の西廣さんともものすごく仲良くなったんですよ。仲良くなったきっかけは、なだしお事件（88年7月）です。海上自衛隊の潜水艦と遊漁船が衝突して、30名が亡くなった。当時の防衛庁長官だった瓦力さんに、あと始末はしっかりやりましょうと言っていたら、確か毎日新聞だったと思いますが、「瓦長官辞任へ」と出てしまった。だから瓦さんのところに行って「これは天下の大誤報にしましょう」と言って焚きつけたんですが、ちょっと煮え切らない。それで私は、いよいよ瓦さんが辞めるとなってから西廣さんのところに行って、長官の責任も政務次官の責任も同じだから私も辞めると言ったんです。そうしたら西廣さんは、「辞めないでください」と止めるかと思いきや、「そうですか。それじゃ私も辞めます」と言いました。私の代わりはいくらでもいるけど、防衛庁生え抜きのミスター防衛庁を辞めさせるわけにはいかない。仕方なく、私も踏みとどまりました。私は本当は瓦さんも辞める必要はないと思っていましたが、当時の政界の風潮ではそうもいかなかった。

竹中　男気を示されたのですね。

高村　西廣さんとの話で印象的だったことの一つは、「韓国軍と自衛隊が戦争したらどっちが勝つの？」という私のバカな質問に対する答え。西廣さんは「朝鮮征伐のように日本の自衛隊が攻めていったら負けます。元寇のように向こうが攻めてきたら勝ちます」と答えました。すごいでしょ。たぶん、たいした根拠もないと思うけれども（笑）。

なだしお事件の時の東山収一郎海幕長に、「帝国海軍の連合艦隊と海上自衛隊が戦争になったらどっちが勝つの？」って聞いたこともあります。私は、「ケースバイケースです」って言われると思いましたが、彼は躊躇無く「連合艦隊が勝ちます」と言い切りました。「海上自衛隊は自己完結型の軍隊になっておりません。文句なく連合艦隊が勝ちます」と。彼の発言の当否は別として、自己完結型になっていないことについての忸怩たる思いは良く伝わりました。

西廣さんが何かの時に、「もし理想的な意味の国連軍ができたら、場合によっては自衛隊も参加できるかもしれません」と言ったことがあります。私はその時、「そんなことは今言わないほうがいいよ。今言ったら、すぐに役に立たないことは全部できないということで政治的に処理されてしまうから」と言ったんですが、西廣さんは「政務次官だから言ったんですよ」と返してきました。あの頃は、直ちに必要でないことは全部だめ、と整理するのが政治的な処理の仕方でしたからね。

政務次官として初めてアメリカ訪問

高村　西廣さんが私にプレゼントしてくれたことの一つに、アメリカ訪問があります。士官学校のウェストポイントや、米軍基地の訪問を組んでくれました。政務次官がそんなことをするのは前代未聞でした。当時の会計課長か何かが、「高村さんがアメリカに行くので実際の仕事で行く事務官が何人も行けなくなる」なんて言っていました。

兼原　「課長補佐が出張に行けなくなるから政務次官を出張に出すな」。これが当時の官界の雰囲気でした。

高村　それでもともかく西廣さんの厚意で行ってきたのですが、これはものすごく役に立った。当時、安保ただ乗り論というのがありました。もうソ連は米国にとっての敵ではない。今の脅威は、安保にただ乗りし余った力で自動車や家電を洪水のように輸出してくる日本であるという論調で、これがワシントンあたりですごかった。

それで基地に行った時に聞いてみました。私を案内してくれたのは大佐ぐらいの人だったんですが、ワシントンで安保ただ乗り論が隆盛を極めていることについてあなたはどう思うか、と。その大佐は吐き捨てるようにこう言いました。ワシントンのやつらは何もわかっていない。自分は沖縄にいたからよくわかるが、独立国の中に外国の基地を置くということがどれだけ大変なことか、と。アメリカの軍人さんは健全だなと思いましたね。

日本に帰ってきてから、その話は一般向けには一切しませんでした。「ヤンキー、ゴーホーム」とか「基地はいらない」と言っている人たちを勇気づけかねないですから。でも外務大臣になってから駐留軍経費の話をする時には使わせてもらいました。だから、それだけでも行った価値はあったと思います。

日米同盟は、日本よし、アメリカよし、国際社会よしの「三方よしの同盟」ですが、内向き先進国の日本では、ヤンキーゴーホーム、基地はいらない、基地なんかあるから戦争になる、なんて議論が蔓延《はびこ》ってしまう。一方のアメリカも当時、遅れてきた内向き国になってしまって、安保ただ乗り論が跋扈し、トヨタの車やトランジスターラジオがハンマーで潰されるようなパフォーマンスが演じられる。

竹中　東芝機械がココム（対共産圏輸出統制委員会、COCOM）に違反した事件がありましたね。

高村　アメリカという国は相手が敵であっても、負けっぷりが良ければ惻隠の情をかけてくれるけれども、ライバルとなったら叩き潰しにかかる。日米同盟は両国の世論の攻撃からも守る必要があることを実感したわけです。

兼原　外務省、防衛省の安保族は少数派で、日米の力関係は1対9くらいだろうと思ってアメリカと付き合っていますが、80年代後半から90年代初めの頃は、日本経済の絶頂期で、経済官庁ではもうアメリカと対等だ、なんなら鼻へし折ってやるぐらいの感じがありました。外務省でも、安保担当の北米局日米安保条約課と貿易担当の北米二課では全く雰囲気が違っていた。霞が関の経済官庁の「アメリカ何するものぞ」という論調や雰囲気が、マスコミ報道を通じて外にも出ていってしまう。アメリカが日本の戦略的方向性を疑ってしまう。

高村　だから安保の話を日米でする時は、抑止力そのものに直結するから、事務折衝のぐちゃぐちゃした部分は明かさない方がいいんです。トップが会った時にはもう話がついていて、淡々と話がついたみたいに見えるようにしておかなければいけない。日米関係は堅固であるということを世界に発信するためには、そうした姿勢が必要です。

ところが、そうやっていると日本国民には日本政府がアメリカの言いなりになっているように見えてしまう。実際にはガチガチやっているんですが、それをやるのはトップじゃなくてもっと下のレベルです。

細谷　中国、北朝鮮から見て、日米は常に一体化しているんだという姿勢を見せなければなりませんし、それが抑止力になるわけですよね。

高村　中国や北朝鮮がそう思ってくれるのはありがたいけれど、日本国民が政府はアメリカの言いなりだと思ってしまうのはありがたくない。そこのさじ加減は微妙なものがあります。

細谷　民主党政権はそこで失敗した。日米間で対立している姿を見せすぎて、それで足を掬われてしまいました。

政務次官人事はどう決まるのか

竹中　国防部会長や防衛政務次官の人事は、当時どうやって決まっていたのでしょうか。ご自身で希望を出されたのですか。

高村　私は二つ出していたんですよ。防衛政務次官と大蔵政務次官。一番大事な日米関係は防衛と貿易で決まると思って、この二つを志望しました。それでまず防衛政務次官になり、防衛政務次官が終わった後にちょっとおいて大蔵政務次官になった（89年6月、宇野内閣）。いずれの時も全く問題なかった。

竹中　派閥にそういう連絡をされたのですか。

高村　初入閣の時は、本人の希望は関係ない。けれど政務次官の人事は大体本人の希望なんです。本人の希望を派閥に伝えて、副幹事長会議で決める。党の部会長もそうでした。

竹中　やっぱりこの頃は党が強かったということですか。

高村　いや、今でもそうだと思いますよ。決め方が変わったという話は聞いていないので。ただ、私が第一次安倍政権で参議院選に負けた後に防衛大臣になった時は、私が、江渡（聡徳）さんを副大臣に引っ張っていきましたし、その後の福田内閣で外務大臣に横滑りした時は、福田（康夫）さんに直談判して伊藤信太郎さんを連れていきました。大臣が特別に引っ張ってきた場合はそうなります。それはだけど特殊な例だと思います。

竹中　今は官房副長官が副大臣、大臣政務官を決めているという話を聞きました。

高村　私は知りません、最近はそうなっているのかもしれません。

兼原　政務官、数が増えましたからね。昔は政務次官1人ですが、今は副大臣2人に政務官3人とかで5～6人分の役がありますから、官房副長官あたりが仕切らないと人事が回らないのかもしれません。

徐々に焦点化してきた自衛隊の海外派遣

竹中　1987年に国際緊急援助隊の派遣法が成立して、大規模災害の際に国際緊急援助隊が派遣されることになりました。この法律が成立した頃の話を少しお聞かせいただけますか。

高村　河本派の勉強会で国際緊急援助隊の議論をすることになって、外務省の課長が来たことがあります。そこで、その課長と私が激論になった。

その課長は、「自衛隊は使わない」と言うんですよ。私は、何か大変なことが起こった時に、自己完結型の組織である自衛隊が行かなかったら何もできないじゃないかという話をした。そうして二人で言い合っていたら、河本さんが「君、ちょっと君」と言うから、私が怒られるのかと思いました。河本さんは、戦前姫路高校で在学中に配属将校に対して反戦演説を打って放校になった人です。筋金入りの平和主義者ですよ。その筋金入りの平和主義者に「君、日本の軍隊が外国に行ってどれだけひどいことをやったのか知ってるのか」ぐらい言われるのかなと思ったんですよ。そうしたら、あにはからんや、河本さんはその課長に対して、「自衛隊が入っていない緊急援助隊なんてやったって役に立たんじゃないか。何を考えているんだ」と怒ったんですよ。

竹中　リアリストですね。

高村　すごいでしょ。かつての軍国少年が「俺は騙された」と言って戦争反対になったら偉いって言われたりするけれど、本当に偉いのは河本さんのような現実主義の人ですよ。戦前に軍隊に楯突いて放校になり、戦後の平和主義全盛の時に自衛隊の活用を言っているわけだから。

もう一つ河本先生の話をしておきます。海部内閣の時にペルシャ湾に掃海艇を送ったでしょ。この時、海部（俊樹）さんはずいぶん悩んでいたように見えた。そんなとき、山崎拓さんが私に声をかけてきて、掃海艇を送るように海部さんに説得に行こうと誘ってきた。それで私、一緒に官邸までついていきました。

海部さんは出すとも出さないとも言わなかったけれども、全体の態度はけんもほろろでした。それはよくわかるんですよ。山崎、加藤（紘一）、小泉（純一郎）のYKKは、竹下派支配だとされていた海部内閣に反対の立場を取っていたと、少なくとも海部さんはそう思っていた。あとで「何で高村は山崎なんかと来るんだ」といって怒っていたそうです。海部さんにとって、高村正彦は派閥の弟分ですから。

私はその後、すぐに河本さんのところに行きました。「海部さんのところに行ってきたんですが、掃海艇を出すか出さないかわからない。出すように一言言ってください」と。すると、河本さんは「海部君に電話」。それで秘書が電話したら、海部さんはすでに官邸を出られたということで、「じゃあ坂本君」と坂本三十次官房長官を呼び出して、「ともかく掃海艇を出さなきゃだめですから、出すように海部君によく言ってください」と伝えた。

坂本さんは海部さんより河本さんに近い人です。よくわかっているから、二人とも結論だけしか話さない。「なぜ出すんですか」と理由も聞かない。

兼原　河本さんは海運会社の経営者ですから、タンカーを安全に動かすことが日本にとっていかに大事か、一番理解している人ですね。

高村　山崎さんが私に声をかけてきたのは、私が当時、自民党の国防部会長だったからですが、これにはちょっとしたエピソードがありまして、実は財政部会長を志望しようと思っていたんです。防衛と大蔵の両方で政務次官が終わった後だったので。そうしたら、それまで付き合いのなかった山崎拓さんから、「国防部会長をお願いします。これは役所が希望している人事ですから」と電話が入った。「自民党の部会に役所が希望するということは滅多にない、だから絶対にやっておいたほうがいい」との話でした。実は役所が希望するなんてしょっちゅうあることだって後で知りましたが（笑）。

それで国防部会長に手を挙げたんですが、すんなり決まらなかった。当時、自民党の部会長は派閥の副幹事長の話し合いで決まっていましたが、竹下派の副幹が「鈴木宗男にしろ。これは金丸人事だ」と主張した。当時、安全保障調査会の会長が金丸（信）さんで、会長代理が山崎さんだったから、これでは勝負にならない。

そこで初めて西廣さん（当時防衛事務次官）に電話を入れました。「役所が希望しているっていうから手を挙げたのに、金丸人事だからと言って鈴木宗男さんが頑張っているみたいですよ」と伝えたら、「ちょっと待ってください」と言って、いちど電話を切った。しばらくするとまた西廣さんから電話があって、「金丸さんが考えてみると言ったから、もうちょっとお待ちください」と言われ、またしばらくしたら金丸さんが「君（西廣氏）の言う通りにしたよ」って返事をしたとのことで、私が国防部会長になったんです。

結果的に、国防部会長になって本当によかったです。後に審議未了で廃案になった国連平和協力法(90年)とか、ＰＫＯ法(92年)の審議などがあって、必然的に勉強することになる。この時からですよ。将来的に集団的自衛権の一部容認というようなことをしなきゃならなくなるだろうな、と考え始めたのは。

第2章　国際貢献と世論の狭間で

竹中　海部内閣の時にイラクのクウェート侵攻があり、米国を中心にした多国籍軍が展開されました。その後方支援を可能にするために国連平和協力法案が政府から提示されましたが、廃案になってしまいました。これは国民の支持がないということが理由ですか。

高村　それが全てです。

支持率20％に届かなかった国連平和協力法案

高村　お金だけじゃだめだ、人的貢献も必要だということで、日本人が好きな「国連」「平和」に「協力」まで組み合わせて「国連平和協力法」という名前の法案を海部内閣が出した。日本人が大好きな言葉を組み合わせれば世論が呼応してくれるかと思ったら、法案への支持率は20％にすらなかなか届かない、という状態でした。

何が原因だったかというと、マスコミの問題が大きかった。NHKのニュースからして見出しが「自衛隊海外へ」ですからね。まあ、実際に自衛隊を海外に行かせようという話だから間違いじゃない。でも、背後の映像が現実とかけ離れていた。戦車がゴーッと行く様子とか、戦闘機が空をブーンと飛んで行く映像が毎回かぶせられていくんですよ。ニュースで毎回そうやるものだから、国民はみんな戦車や戦闘機が海外に行くのだと思ってしまう。

国会では、外交安全保障がわからない議員でも、自衛隊が何をやることになるのかはそれなりにわかっている。多国籍軍の後方支援であり、戦闘行為を行うわけではない。でも国民がみんな戦車や戦闘機が行くんだと思っている時に、国会ではその不安を払拭するような議論はせず、関係のない質疑ばっかりやっていたんですよ。私は当時、特別委員会の末席の理事でしたから最後の最後に質問しただけですけど、その前の与党の理事なんか、憲法上の限界線上のことをたくさん並べて「これはできますか？　これはできませんか？　○×△で答えてください」なんてやっていた。そんなことをしたら国民がよけい不安になるだけでしょう。すごく議論がずれていると思いました。

私は当時、選挙区では佐藤栄作先生のご子息と岸信介先生の後継者の間に挟まれて大きな会合はできず、10人15人程度の座談会を重ねていましたから、国民が何もわかっていないということをわかっていた。「えっ！　本当に戦車行かないんですか？」とか、そういうレベルなんですよ。

それでまた当時の外務省の国連局長が……。

兼原　赤尾信敏さんですね。

高村　間違ったことは言っていないが、一般国民どころか国会議員ですら何もわからないような説明をする。わからなかったら頭の悪い国会議員のほうに責任がある、と思っていたのかな。

そんなこんなで世論調査をすると法案の支持率は大体16～17％。だから私は、最後に質問に立った時にこう聞きました。「テレビのニュースで見ると戦闘機がブーンと飛んで行くのが出るけれども、戦闘機は行くんですか？」「いや、行きません」「戦車は行くんですか？」「行きません」「じゃあ何やるんですか」と。私が聞いたのは20分ぐらい。あとで自民党の情報調査局の人が、「あれで支持率が5％上がった」と言っていました。上がって21～22％ですが。

この国連平和協力法案というのは、国連決議に基づいて多国籍軍がサダム・フセインをクウェートから追い出すことへの後方支援と、外務省が前から温めてきた一般ＰＫＯ的なものとが合体した法律でした。とりあえず前者の部分の多国籍軍への後方支援だけでやれば、もう少し国民は何をやるのかわかったでしょう。けれどもそっちはよりハードルが高いから、ＰＫＯ的な部分が国民に受けると踏んだのか、両方を絡ませて出した。だから国民は何をやるのかさっぱりわからない。

当時の議論では、多国籍軍の後方支援で野戦病院みたいなものを設置したら、そこで手当てをした兵士がまた戦場に戻っていくのでそれは戦闘行為になる、集団的自衛権になる、軍国主義につながる、みたいなことを言われてしまう。「だったらナイチンゲールは軍国主義者なのか？」と聞き返したくなりましたよ。

それで、私の質問が終わった時に、当時の海部内閣の法務大臣だった梶山静六さんが、末席の理事の私のところに歩いてきて、「素晴らしい質問でした」と言ってくれました。私、梶山さんとはそれまで一言も話したことはなかったんですが。

兼原　国民を説得しようという感覚は役人にはないから、国民に見せるための国政の場に細かい議論を持っていこうとして失敗するんですよ。一番はじめに「何でこれをやるのか」「どうしてやらなくちゃいけないのか」という根本を説明しなければいけない。官僚はそれが苦手です。政治家のコミュニケーションと、官僚のコミュニケーションは根本的に違います。官僚は狭い官界の中で官僚同士が専門的な議論をしますが、政治家は、大向こうの国民を相手に説得するのが一番の仕事です。

高村　何でやるのかと言えば、私は多国籍軍の後方支援のためだと思っていたのに、何だかわからないＰＫＯ関連の項目がたくさん入っているわけですよ。そんな状態で国民にわかるわけがない。まあ、後に宮澤内閣でＰＫＯ法を作る時の準備になったという点では意味はあったのかもしれませんが。

国民が丸ごと騙された政治改革

竹中　昭和から平成にかけて、竹下、宇野、海部、宮澤と短命の内閣が続く一方で、政治改革が課題として認識されるようになりました。高村さんは、この動きをどうご覧になっていましたか。

高村　私は田中角栄という人とは一度たりとも話したことがありませんが、天才と言える政治家がいるとしたら田中角栄さんだと思っています。しかし、政局だけに限定すれば、田中角栄さん以上の天才がいる。小沢一郎さんです。

当時、佐川急便事件というのがありましたよね。あれによって金丸さんが潰れる。金丸さんが潰れるなら一の子分の小沢一郎さんも潰れるのが必然のはずでしたが、そうはならなかった。天才小沢一郎は起死回生の手を打った。「金丸個人が悪いんじゃない。小沢個人が悪いのでもない。選挙制度が悪いんだ」と訴えた。中選挙区制という仕組みの中で、同じ主張同士の仲間うちで戦うことになれば金がかかる。悪いのは制度であって個々の政治家じゃない、と。驚いたことに、全マスコミ、全政治学者、世の中全てがそれに乗ってしまった。乗らないでいたのは多少現実がわかる政治家の一部だけですよ。

小選挙区制に支持できるところがあるとすれば、政治の復権です、官僚から政治の権力を奪取する。組織で動く官僚に対して、ばらばらに動く政治家がやられてしまうというのは現実の問題としてあった。だから政治家による官僚からの権力奪取という点だけなら意味があった。それ以外には意味はあまりありません。のちになって、小選挙区だと官邸の力が強くなりすぎるとか、政治家の多様性がなくなるとか、党議拘束が強くなりすぎるとか、いろいろ弊害が取り沙汰されるようになりましたが、全部あの当時に予測できたことなんです。

小選挙区になったからカネがかからなくなったと言っている人もいるけれど、嘘ですね。かからなくなったのは、政治改革の一環としてやった拡大連座制。あれは効きました。当選しても、それで自分が関与してなくても失格しちゃうわけですから。

でも、政治家の立場で言えば、全然知らないお金持ちの支持者がたまたまお金で買収したりしてもそれで失格しちゃうなんて、どうしようもないですよ。拡大連座制は警察、検察も割と抑制的に使っていますが、抑制的に使わなかったら政治家本人に責任が無い失格がばんばん出てきますよ。

竹中 ちょっとお言葉を返すようですが、小選挙区制になって選挙区のサイズが小さくなり、事務所をそんなに置かなくてもよくなったからカネがかからなくなったという政治家の方のお話を聞いたことがあります。中選挙区時代は事務所の人件費とか選挙区を回る車のガソリン代がかかった、と。あまり本質的なことではないですが。

高村 そういう議論だったら全国区は全部やめろっていう話になりますよね。でも、小選挙区がいいという主張は、選挙区が小さいからいいという話じゃないですよね。

竹中 また、自民党の議員同士で競争しなくてよくなったということも指摘されています。

高村 それは当時も多大なメリットとして言われたんですが、私は競争したほうがいいと思っています。政策が同じだって、下劣なやつと下劣じゃないやつがいたら、下劣じゃないほうを国民が選べるほうがいい。

竹中 政治改革の議論をしている時に、公認権を執行部、あるいは総裁が持つようになるので総裁、首相が強くなる、ということは党内では意識されていましたか。

高村 意識しない人は一人たりともいないですよ。だから小沢さんが賛成して、小泉さんが反対したわけです。誰が独裁者になるかと言えば、小沢さんがなるとみんな思っていた。そうしたら歴史の皮肉で小泉さんが独裁者になり、小沢さんはなれなかった。

竹中　小選挙区制の議論は、すでに竹下内閣の頃からありました。後藤田（正晴）さんをヘッドに担いで自民党でも議論していました。リクルートで大変なことになり、消費税法案が通った時に、次は政治改革をやると竹下（登）さんがおっしゃって議論が始まります。

高村　田中角栄さん自身が小選挙区制をやろうと言っていたことがあります。小選挙区制をやって、保守2党が争うようになって、時代遅れの非武装中立論者がいなくなる。巨大な自民党が割れて2党になったらいいんじゃないか、と。そういう発想は前々からありました。

けれど私は、同じ政党同士で争うのがそんなによくないことなのだろうか、と思っていました。私みたいに外交安全保障しかやらないって決めていた人間でも、中選挙区なら抱えておく余地もあるけれど、小選挙区だとその余地はない、なんてこともありえますしね。

私は、今から中選挙区制に戻せなんて非現実的なことは言いません。どんな選挙制度にもメリット、デメリットの両方がある。だから私は小選挙区制に鋭角的に反対もしなかったし、賛成もしなかった。政治家の役所からの奪権という点にだけ絞っていてくれたら、私も小選挙区制に最初から賛成していたかもしれません。

竹中　穿った見方かもしれませんが、ある別の政治家の方はこんなことを言っていました。小選挙区制の議論は、竹下派全盛の時代に始まった。彼らが権力を握っている中で小選挙区制度を導入すれば、それこそ公認権でも何でも竹下派が全部握れる。小選挙区制は竹下派の永久支配の手段として構想されていたのだ、と。ちょっと穿った見方過ぎますか。

高村　それは違うと思います。同じ竹下派でも、例えば梶山さんは小選挙区制に反対だった。

竹中　やっぱり佐川急便事件で竹下派が分裂したというのが大きいということですか？

高村　ロッキード事件やリクルート事件があって、その他にもそれほど大きくない事件があって、最後に行き着いたのが佐川急便事件です。この時の皇民党の褒め殺しは、竹下さんが一時、政権に就く意欲を失ってしまうぐらい効いた。それを金丸さんが助けたわけですよ。それが佐川急便事件でしょ。そういう意味で金丸さんに同情の余地がないわけではない。

ただ本来は叩かれるべき運命にあった人たちが、「あれは個人の犯罪じゃない。選挙制度のなせるわざだ」というところに持っていくという、とんでもないアクロバットを成し遂げた。だから小沢一郎さんは政局の天才なんです。

竹中　結局小沢さんは、宮澤内閣の時に羽田（孜）さんを担いで経世会と袂を分かち、野党が内閣不信任案を出した時には賛成に回ります。武村正義さんなどは不信任案には反対しますが、可決後、新党さきがけを結成します。小沢グループは新生党を作って自民党を離党します。さらには日本新党の細川護熙さんを担いで一気に権力を奪うところまでいきますが、この一連の流れはどのようにご覧になっておられますか。

高村　これは政局の天才、小沢一郎ゆえの流れですよ。宮澤政権の時に自民党分裂に至るのは当然の帰結でした。当時、自民党の中で選挙制度改革を主体とした政治改革案が全然まとまっていない時に、宮澤（喜一）さんが「政治改革をやる」と言っておられた。海部さんがやると言っていたのを宮澤さんも引き継いだ。この時の幹事長は梶山さんで、私は副幹事長だったんですが、浜田卓二郎さんという宮澤派の若手の優秀な議員も一緒に副幹事長をやっていた。

ある時、宮澤さんが田原総一朗さんのインタビューを受けるという話になったので、浜田卓二郎さんに「危ないぞ。気をつけろよ」と忠告しました。自民党はまだ、政治改革について一本にまとまっていない。だから、必ずこうする、というようなことは絶対に言わないように宮澤さんに注意喚起すべきだと、浜田さんに言ったんですよ。

浜田さんは宮澤さんに会って帰ってきたら意気揚々としていて、「大丈夫だ」と。最後に宮澤さんから「具体的なことを言わなければいいんですね」と念を押されたので、そうですと言ってきたから大丈夫だと。

そうしたらインタビューで具体的なことは言わなかったけれど、「政治改革を必ずやります」と強く言わされちゃったわけです。宮澤さんにそう言わせておいて、梶山静六幹事長と佐藤孝行総務会長という、見方によっては可愛いけれど撮り方によっては非常に悪人面に見える二人が何か悪巧みしているかのごとき映像を、全テレビ局が毎回毎回流した。政治改革をしなかったら自民党が持たないという雰囲気が、こうして作られてしまった。

竹中　結局、自民党は選挙に敗れ、8党連立の細川政権（93年8月）が誕生しますが、高村さんはこれをどう感じられましたか。

高村　野合の極み。だって安全保障政策で閣内が一致していないじゃないですか。最大勢力の社会党が非武装中立のままだったんですよ。自衛隊を認めない社会党が最大勢力の連立政権の誕生を、何か新鮮で先進的なものに思わせてしまった小沢一郎さんの天才ぶりには感心しましたが。

8党連立と自社さのどちらが野合だったのか

高村　細川政権、羽田政権と続き、その後の自社さ連立の村山富市政権（94年6月30日発足）で、私は経済企画庁長官として初入閣しました。ひな壇で私の隣は田中真紀子科学技術庁長官でした。村山さんが首相になって、自衛隊は合憲、日米安保条約堅持、と国会で明言しました。これで不毛な議論はやらなくてよくなったと思ったのは私の甘さですが、少なくともその時の政権においては基本的な安全保障政策の一致はあった。だから村山政権は全然野合じゃない。けれど、ずっと対峙していた自民党と社会党が組んだという現象だけを見て、全てのマスコミが野合と言い、安保政策の一致がない細川政権の方は野合と言わなかった。政治学者でも8党連立が野合で自社さは野合じゃないと主張する人が一人ぐらいいたっていいと思うけれど、一人も聞いたことがない。

竹中　羽田内閣が総辞職を決めた後、海部さんはなぜ離党してしまったのでしょうか。

高村　その日の6時ぐらいから海部さんが記者会見することになっているという当日、加藤紘一さん（当時政調会長）から電話を貰ったんですよ。海部さんが小沢さんに取り込まれちゃって、今晩記者会見することになっているが、あんたそれでいいのか、と。それで、その話を河本さんにした上で、私は一人で海部事務所に乗り込みました。私の訪問を受け入れたぐらいだから、海部さんもまだ迷っているところがあったのかもしれない。あるいは秘書が勝手に受け入れちゃったのかもしれない。そこはわからないですが。

会ったらお人柄で、やっぱり真面目に対応してくれました。真面目に対応したけれども、翻意する様子は残念ながらなかった。人が一回決断したのを説得するというのは大変なことですね。

竹中 おっしゃる通りです。

高村 それで30分ぐらい経って、5時半ぐらいになったら野田毅さんが入ってきた。野田さんは、「先生、お時間です」と。海部さんは、野田さんの顔を見て、私の顔を見て、高村君、悪いけど行くよと言って、行っちゃったんですよ。

私は野田さんとは当時そんな親しい付き合いではなかったけれど、その後、小渕内閣の自自連立（1999年）で自治大臣として入閣されて、ものすごく親しくなったんです。予算委員会では、外務大臣だった私の隣に座っていました。見識のある人でしたが、その見識のある人が何で小沢さんと一緒に行っちゃったのかという思いもあります。野田さんは海部内閣の時から政治改革を支えていたから、その流れで行ったのかもしれないですが。

竹中 村山内閣はいわゆる村山談話、終戦50年談話を出されていますよね。村山内閣の外交安全保障政策はどう評価されていますか。

高村 幸か不幸か、村山談話の時には私は大臣を辞めているのでよく知らないんですが、外交安全保障政策は立派なものじゃないですか。非武装中立路線から日米安保堅持、自衛隊合憲に変えただけで120点あげてもいいぐらいです。あの社会党を一時的にでも変えたんですから。

川島 98年、先生が外務大臣の時に結ばれた日中の共同宣言がありますが、その共同宣言の中に、

「1972年の日中共同声明及び1995年8月15日の内閣総理大臣談話を遵守し」と書かれています。これは村山談話の遵守を言ったものですが、この共同宣言の時に改めて村山談話を見て検討された感じですか。1995年から3年後になりますけど。

高村 私が外務大臣ですから、私は責任ないとは言えないでしょ。そこから引くなんてことはできません。

兼原 村山談話は、左側のほうからすると、トロフィーになっちゃったんですよね。それがまた逆に右側を刺激してしまう。

竹中 私はあの頃、アメリカに留学しておりました。日本は充分に謝罪していないとか、アジア、中国、韓国の留学生などから言われることもありましたが、「いやいや、村山談話がありますから」と言い返せたので、海外にいる日本人としては非常に助かった記憶があります。

川島 目下、国際関係、国際政治の研究では国家関係における「謝罪」が多く取り上げられています。そこでは、日本が最も謝った国と位置付けられていますが、同時に相手がまったくそれに反応しない、効果がほとんどない、とも言われています。

高村 ドイツは謝っているのに日本は謝っていない、ってよく言われますが、ドイツはフランスみたいにものわかりのいい国が隣国でよかったね、と皮肉の一つも言いたくなります。

村山内閣の経企庁長官として

竹中 経企庁長官として入閣される時は、河本さんから連絡があったのですか。

高村 当日の昼過ぎに河本さんから電話があり、「経企庁長官に決まったよ」と言われました。それからすぐ官邸から同じ電話が来た。

実は入閣候補として私の名前も小さく出ることは出ていたので、その日の朝に家内から「モーニング、要る？」って聞かれたんですよ。「要らないよ」って言ってそのまま出てきたので、あわてて貸衣装で臨みました。建設大臣だった野坂浩賢さんも同じようなシャツを着ていたのを覚えています。彼も初入閣でしたから貸衣装だったのかもしれませんね。

私、何回か大臣をやっていますが、うち2回は貸衣装で臨んでいるんですよ。

竹中 大臣に就任されたのは、やっぱり河本派の推薦ということですか。

高村 でしょうね。だけど、推薦するなら推薦するって、普通は事前に言いますけどね。何も言われてなかったので、私がなるとは思っていなかった。当選同期では年も下のほうでしたし。

竹中 村山総理はどんな方でしたか？

高村 村山富市さんがナポリサミットに行く少し前、アメリカのクリントン大統領に会いに行きました。クリントンさんはCIAから、村山は典型的な左翼で反米である云々という情報を伝えられていたらしい。ところが村山さんは、自分は戦後の日本人が食えない時代に貧乏の問題に取り組んで政治家になったのであり、反米でも何でもないと切々と訴えたらしい。クリントンが「話が全然違うじゃないか」と言ってＣＩＡに怒った、という話を外務省の人から聞いたことがあります。優しい人ですよ。総理大臣をやるなら今までみたいに安保反対とか自衛隊は憲法違反とか言っていられないということをすぐに理解したわけだから、私は評価しています。

非武装中立の信念を守って社会党にそのまま残っている人たちに対しても、彼らを苦しい立場に追い込んじゃったなと気遣いを見せる、そういう感じじゃないかな。本人は非武装中立なんて時代遅れだということは十分わかっていたと思います。

初の閣僚経験ということでは、記者会見をめぐってちょっとしたエピソードがあります。この話をしていいですか？

兼原　もちろんです。

高村　あるとき、記者会見でいきなり、経済企画庁が所管する海外経済協力基金（ＯＥＣＦ）と大蔵省が所管する輸銀（日本輸出入銀行）を統合するという話があるが、大臣はどうお考えですか、って聞かれたんです。私はそんな話があるなんて全く知らなかった。そこで、ＯＥＣＦと輸銀の統合なんてやったら、経済協力と商売の話を混同した世界にも稀な珍妙な機関ができることになる、と言いました。

それからしばらくして、加藤政調会長からちょっと飯食いたいと連絡がありました。それで言われた場所に出かけたら、何と武村正義大蔵大臣がいる。そこで加藤政調会長が、政府機関の数を減らすことにしているのでＯＥＣＦと輸銀は統合することにした、これはもう決まっている、みたいに言うんですよ。私はそんなこと了承していませんよと言ったら、武村大臣が何とかそうしてくれ、と言うわけです。

大蔵省所管の輸銀と経済企画庁所管のＯＥＣＦが統合したら、日常の庶務はどっちが面倒を見るのかと聞いたら、どうやらそこまでは考えていなかったらしい。仮にそうするにしても経済企画庁が庶務を見るということにしなきゃ無理ですよと言って帰った。

それですぐプロパーの経済企画庁の人だった次官を呼んだ。もう決まったみたいだけど、庶務はこっちが持つように頑張るからと伝えると、庶務を持たせていただけるんなら結構です、と了解してもらった。その後、大蔵省出身の涌井洋治官房長に、こういう話があるけど庶務は経済企画庁で持つということで交渉してくれ、そうならないようなら私が最後に壊すから、と言いました。それでまとめて私と武村大蔵大臣の二人揃って、村山総理のところに行って、こういうことになりましたって報告したわけです。

官邸から帰ったらすぐに記者会見して、輸銀とＯＥＣＦが統合するって言ったら、「大臣、珍妙な機関ができることになるって言ったはずですが、急にそういうことになった理由は何ですか」と聞かれてしまった。「理由は私が君子だからだ」って答えました。君子豹変す、です。

兼原　なるほど、そこがオチに。

高村　でもそれで通っちゃうんだからいい時代でしたね。今だったら滅茶苦茶叩かれていたでしょう。

靖国問題が拡大した理由

兼原　村山内閣の大臣の時に、靖国に参拝されていますね。

高村　あるとき、記者会見で「（8月15日に）靖国に参拝されますか」って聞かれたことがあって、「します」と答えました。8月15日の1週間後ぐらいに中国を公式訪問する予定があったので、「中国に行くことがわかっているのに靖国に行くのか？」とも聞かれました。「公人としてですか、私人としてですか？」とも聞くから、「そんな難しいことはわからない。あなたはそれ、自分の意思で聞いているんですか？　会社から言われて聞いているんですか？」って記者に聞き返したら、「会社から言われて聞いています」って答えていました。その頃、私と一緒に5回生で入閣した桜井新さんが、「日本は侵略戦争をしようとして戦ったわけではない」と発言して環境庁長官を辞任するということがあったので、メディアは政治問題化しようと狙っていたのかもしれませんね。

それで終わったと思ったら、官房長官だった社会党の五十嵐広三さんから電話がかかってきた。「高村さん、公人とも私人とも言わなかったそうですが、村山内閣の閣僚として参拝する以上は私人として参拝するんです」と言われました。普段はニコニコしていてとても愛想のいい人が、ものすごく厳しい声で言ったので、気の弱い私は「はい、私人として参ります」って返事しました。私人として参拝し、署名は「国務大臣　高村正彦」と書いてきた。

これは中国で絶対に何か言われるなと思ったから、自分なりに頭で整理してから中国に行ったわけです。そうしたら案に相違して何も言われなかった。経済企画庁長官としてのカウンターパートとの話に終始しました。

帰ってきて、外務省の人に「中国どうでしたか」って聞かれたので、「構えて行ったんだけど何も言われなかったぞ」と言ったら、「日中間には総理、外務大臣、官房長官は日本を代表する立場なので靖国に参拝しない、ほかの国務大臣は参拝したとしても中国政府として文句は言わない。そういう暗黙の了解がある」と説明してくれた。そんな暗黙の了解があるなら行く前に教えてくれよ、と思いましたけど。

後の話ですが、小泉政権の時代に、私が自民党のODA（政府開発援助）の責任者をつとめていた2005年、いま中国の外相をつとめている王毅さんが駐日大使をしていて、自民党の外交関係部会に来てこの話をしていました。「日本と中国には、総理、外務大臣、官房長官は国を代表する立場として靖国に参拝しない、他の人が行ったとしても中国政府は文句をつけない。中曽根（康弘）さんの時代にできた、そういう君子協定がある。だから小泉さんは参拝をするべきでない」と。

そうしたら中曽根さんが、そんな紳士協定――中曽根さんは君子協定と言わず、紳士協定と言っていましたが――はないと言って、中国大使館に抗議した。

私はその直後、確かフジテレビの「報道2001」だったと思いますが、テレビに出る機会があって、そのことを聞かれたんです。その時は、ちょっとずるい言い方をしたんですよ。「誰と誰との間に何年何月何日に協定ができたということは、紳士協定としてもなかっただろう。ただし、現実の問題として長い間、総理大臣、外務大臣、官房長官は参拝しなかったし、他の国務大臣が参拝しても中国政府は文句をつけなかったので、そういう暗黙の了解みたいなものが出来上がっていたのかもしれない」と。それで両国のせめぎ合いは、とりあえず終わったわけです。

外務省が言っているくらいだから、暗黙の了解はあったんじゃないですかね。後日談ですが、私が日本の外相だった時に中国の外相だった唐家璇さんから「中国側は私と○○、日本側は○○と○○。その間でそういう約束ができていたんです」と聞かされました。日本側の一人とされた人に「おい、唐家璇がこう言っていたぞ」と当てたら、否定も肯定もしなかった。

川島　日中の間で、そうしたやりとりはあったのではないかと思います。のちに麻生副総理（当時）が参拝した時に中国側が同じ論理で抗議していました。ただ、麻生副総理からすれば「その3種類に副総理はない」ということでしょう。いずれにしても、そうしたやりとりは日中間であったでしょうけれども、紙にしっかり残っているようなものではないと思います。

高村　口頭ですよね。

さらに言えば、胡錦濤政権（2002〜2012年）が始まった頃、中国側からいろんなところで靖国問題について聞かれたんですよ。私は軍国主義の復活だとか戦争を美化するものとかいうのは中国側の全くの誤解である、という話をずっとしていました。中国側のしかるべき人がそれを聞きたがっているのはいい傾向だとも思っていました。当時、新思考ということで、対日関係を見直そうじゃないかという動きがあったんです。

川島　対日新思考ですね。馬立誠さん、時殷弘さん、馮昭奎さん。小泉政権成立前後のことです。

高村　小泉さんが靖国参拝しなかったら、彼らは叩かれないで済んだかもしれない。それは歴史のｉｆだからわからないですが。

兼原　靖国問題というのは、実はＡ級戦犯合祀問題なんですよね。それまでは、戦後の長い間、靖国神社自体で中国が文句を言ったことは一回もなかった。陛下も総理も普通に靖国神社に参拝されていました。Ａ級戦犯合祀したのが78年で、これを朝日がすっぱ抜きましたが、その時も、その後の数年間も文句を言っていない。中曽根さんが、「戦後政治の総決算」と言って公式参拝に行ってから靖国問題に火がついた。左派メディアが中曽根さんを叩き始めて、社会党の土井たか子さんなどが中国に行って、「あなたたちも一緒にやってください」と言って火をつけて回った。当時を知る自民党のシニアな先生から、そこから中国が乗ってきたと聞きました。

川島　教科書問題も同じです。日本で先に問題になったものが中国で問題にされたわけです。政治家とメディア、あと日本の弁護士などの活動家が関わっていたようで、彼らが中国に行って活動をリンクさせたことも、中国側の資料で裏付けられています。

高村　少し後になりますが、ついでなので言っておくと、私は第一次安倍内閣の時に1カ月だけ防衛大臣をやっています。中国のカウンターパートは曹剛川国防部長で、彼が来日した時には、昼は徹底的に、何でこんなに軍事力を強めるんだということを聞いた。彼は紳士なので、最初は丁寧に答えてくれていましたが、途中から「どこの国だって軍事機密はあるんだ！」と言って何も答えてくれなくなった。

それで夜になったら、彼は酒が強いから昼の仇をとられてしまいましたが、その時にこんなことを言ったんです。靖国参拝が戦争を美化し、軍国主義を称揚しているなんていうのは完全に中国人の誤解である。あなたは軍人だからわかるだろうが、国家の命令によって戦場で戦って死んだ人たちを奉って、そこに国家の代表者が参拝することは、どこの国でもやっている当たり前のことである。ただし、安倍総理は中国側の誤解がそう簡単に解けるものでないことはわかっているから、日中関係を考えて当面靖国に行かずに我慢しているのである、と。

そうしたら曹剛川はたった一言、「自分の心情にもかかわらず、両国関係を考えて靖国参拝を控えてくれている安倍総理に敬意を表します」と言いました。

兼原　先ほど言った通り78年のA級戦犯合祀までは、靖国への陛下や総理の参拝には全く問題がないんですよね。松平春嶽のお孫さんに当たる方が宮司になり、陛下に言わないままでA級戦犯を黙って合祀して陛下がお怒りになり、翌年に朝日がそれをすっぱ抜いた。でもその時はまだ全然国際的に問題になっていない。

川島　中曽根総理の前任である鈴木善幸総理も、A級戦犯合祀後に靖国に行きましたが、その時には特段大きな問題とはされなかったですね。

兼原　中曽根さんが戦後政治の総決算と言って、国鉄解体や行革を手掛け始めてから、左翼陣営の反撃の材料に靖国問題が使われるようになったのです。靖国問題の発端は、アンチ中曽根の政治キャンペーンの一環なんでしょうね。

高村　中曽根さんが全閣僚を引き連れて公式参拝した時、胡耀邦総書記は何の非難もしなかった。

なのに野党の人たちは——もう亡くなっているから一人一人名前を挙げることはしませんが——中国に行って北京だけじゃなくて地方まで回り、靖国参拝は戦争を美化し軍国主義を称揚するものだと言って歩いたわけです。日本の政治家がそう言えば、中国の政治家もそう言わざるを得ないでしょう。日本にとってとてもいい指導者であった胡耀邦さんの失脚も、一因には靖国問題があった。要するに、靖国を問題化したのは日本の野党の告げ口外交なんです。

まあでも、戦争指導者の合祀がなかったらこの問題は起きていないですよ。合祀がなければ天皇陛下も参拝されていたでしょう。中曽根さんの時代から分祀の議論はずっとあって、でも自民党の中でまとまらない。ナショナリズムというか、感情が絡むから、なかなか難しい。

安倍さんが生きていたら分祀ができたかもしれません。安倍さんの超側近が個人の意見だとして分祀ができないかと相談に来たことがあります。そもそも日本遺族会の会長だった古賀誠さんは分祀論者でした。私は彼とは当選同期で仲がいいので、「安倍さんに会ってくれないか」と頼んだこともあって、古賀さんも「いつでもいいよ」と言っていましたが、なかなか機会がつかめず、そこで終わってしまいました。

第3章　外務政務次官として世界を奔走

兼原　高村さんは、村山内閣を継いだ橋本内閣では、閣僚経験者でありながら外務政務次官に就任されました（96年11月発足の第二次橋本内閣）。この頃はいろいろな問題が発生しています。日本に関連するところでは、96年の台湾総統選挙を巡る第三次台湾海峡危機、普天間基地の返還合意、ペルー大使公邸人質事件、アジア通貨危機、北朝鮮核危機、日米ガイドラインの改定など。他にインドの核実験やユーゴ危機などもあった。冷戦の終わりの余波でバタバタしていた時期ですよね。

高村　閣僚経験者でありながら外務政務次官になったのには、橋本総裁の下で幹事長になった加藤紘一さんの持論であった大政務次官構想がありました。私の他にも、海部内閣の文部大臣だった保利耕輔さんが農水政務次官に、宮澤内閣の環境庁長官だった中村正三郎さんが大蔵政務次官になりました。本当はもう一人いたらしいんだけど、本人が「ふざけるな！」と言って断ったらしい。

加藤さんには幹事長室に呼ばれましたが、実はその時、病床にいた河本先生に「派閥の事務総長をやれ」と言われていたので、最初はお断りしました。加藤さんは、「そうか。残念だな。君は外交に向いていると思うがな」と言っていたので、この話はもう一回来るかもしれない、もう一回来たら成仏するしかしょうがないか、と思いながら幹事長室を後にしました。

案の定、梶山静六官房長官から電話があって、「高村さん、加藤幹事長の要請を断ったそうだけど、もう派閥の時代じゃないだろう?」と説得されました。「わかりました。お引き受けします」と答えましたが、幹事長の要請は断っておいて官房長官から言われて引き受けたというのはちょっと引っかかる。そう答えると梶山さんは「わかった。橋本に言わせる」。「いや、そうじゃないんです。幹事長からもう一度言ってもらうようにしてください」と頼んだら、すぐ加藤さんから電話がありました。加藤さんが一生懸命、「君は外交に向いているよ」とまだ説得を続けようとするのを遮って「お引き受けします」と答えました。

私は政務次官として外務省に行きましたが、みんな口頭では高村大臣と言っていましたね。外務省はそれまでのいちばん高い役職で呼ぶらしい。まあ口頭で言うのはいいんですが、在外の日本大使館で会食する時にまで名札に高村大臣と書いてある。これはないだろう、やめてくれと言った覚えがあります。

ただ、閣僚経験者ということで外国に行った時にそれなりの扱いになるので、役に立ったとは思います。

ペルー大使公邸人質事件

高村　私は外務政務次官になった時、キューバとミャンマーとイランに行きたい、と事務方に伝えました。北朝鮮とリビアは行かないから安心しろ、と付け加えて。

なぜその3国に行こうと思ったかというと、いずれもアメリカから嫌われているけれど、その国の指導者に国際社会とうまくやりたいという意図が感じられたからです。イランは当時、改革派のハタミ政権でしたし、カストロのキューバもゲバラと縁を切り革命の輸出をやめていた。ミャンマーは軍事政権だけれども、キン・ニュンという割と開明的なナンバースリーがいた。彼はその後、首相になりました。

日本もかつて国際社会から孤立して大失敗した。だから、アメリカから嫌われていて、孤立している国を何とか国際社会にとりこむのは日本の役割ではないか、と考えました。なぜかキューバだけは、孤立化から救うためじゃなくてペルー大使公邸人質事件を解決するために行くことになっちゃいましたが。まず、この話からしましょう。

ペルー大使公邸占拠事件は、96年12月の天皇誕生日を祝うパーティーで起こりました。事件が起きてすぐ、池田行彦外務大臣に呼ばれて、「高村さんに行ってもらわなきゃならなくなるかもしれないから、家に帰って準備しておいて」と言われました。結局、夜中に池田さんから電話がかかってきて、「橋本首相と話した結果、私が行くことになりました」と。それで池田さんが最初に行くことになった。

人質になったのは日本人だけじゃなく、いろんな国の人がいました。池田外相はその全ての国から、「フジモリ大統領は強行突入するかもしれない。そうしたら大惨事になる。それを止められるのは日本だけだ。何とか説得してくれ」と頼まれていた。日本ではテロリストと話しちゃいかんと本気で思っている人たちもいますが、この時に「テロリストと話すのはけしからん」なんて言っている国はどこにもありませんでした。

池田さんもいろいろ大変だったと思いますが、とりあえず強行突入を止めて帰ってきた。ただ、大臣は予算編成やら国会の審議やらで忙殺されてしまう。なので私がオペレーションルームに毎日顔を出すようにしていました。当時の外務事務次官は林貞行さんですが、彼とは妙な縁があって、林さんは私の妹の旦那と日比谷高校で一緒だった。

それで、この事件が起きてまだ1週間も経たないうちに、「この件はカストロに説得してもらう以外ない。いざとなったら私が行ってくる」と、林次官や川島裕総合外交政策局長に言っていました。フジモリがゲリラの仲間を釈放するわけがないし、ゲリラたちも何も得ないで降りるはずもない。だからゲリラたちが尊敬しているであろうカストロ親分に説得してもらうよりないじゃないか、と。

それから膠着状態が続いて、3月ぐらいになってフジモリ大統領がキューバに行ってカストロに会ってきた。話し合いがついたらゲリラたちの身柄をキューバに引き受けるという約束をカストロがしたということが報道されました。それで機が熟したと判断し、私がキューバへ行くことになりました。ただ、その前にフジモリさんの了解を得なきゃいけないだろうと思って、まずはフジモリさんのところに行きました。そうしたら驚いたことに、「カストロに、テロリストたちに電話をかけてくれと頼んだけれど、断られた」とフジモリさんが言うんです。「日本が言ったらカストロは聞いてくれるかもしれないから頼んでくれないか」と。話が丸っきり逆で、了承を得るつもりでいったのに、こちらがフジモリさんに頼まれてしまった。

どうしたら決着がつくかを四六時中考えていたら、フジモリさんだって私だって同じ結論に達するわけです。だからマスコミの人たちにはあくまで、「話し合いがついたらキューバで引き受けて貰えるようにお願いに行く。フジモリさんが一応やっているけれども、日本が重ねてお願いに行く」という建て前にしていました。本当はカストロにゲリラを説得してくれるように頼みに行くわけですが、マスコミは気付いていない。キューバだけ行くとバレる恐れがあるから、キューバに入った後にドミニカ共和国にも行くことにしました。キューバでは、最初はフジモリさんが言った通り、ゲリラに電話をかけてくれと言いました。

「電話など世界中に聞かれてしまう」「なら電話でなくてもいいから、何らかの手段で影響力を行使してくれ」「その影響力というのが困るんだ」。そんな押し問答をした上で、はっきりとこう言われました。「話し合いがついたら引き受ける。けれど仲介はしない」。カストロほどの人がやらないと断言したらどうしようもない。それで会談は終わりました。

ところが、夜にラヘ国家評議会副議長と日本大使公邸で食事をすることになっていたところ、大使が「カストロも来るかもしれません」と耳打ちしてくれ、本当にカストロも来ました。それから4時間、ワインと野球談義です。カストロは、「ワインでも1000ドルもするのがあるけれど、そんなに出さなくたってうまいワインはいくらだってある、フランス共産党のジョルジュ・マルシェ（元書記長）が夏になるとうまいワインを持ってキューバに来るんだ」なんて話をしていました。私の方は、キューバの野球チームは強いから選手を日本によこしてくれとか、そんな話ばっかりで、ペルーの話はしませんでした。さんざん話して12時ちょっと回ったぐらいに、「これから仕事がある」といって帰っていきました。

強行突入の後、現場で、カストロからの手紙が見つかりました。スペイン語が専門だった西村六善さん（元メキシコ大使）の話によると、すごくくだけたスペイン語で、「おまえたちはもう充分世界に名をとどろかせたじゃないか。これ以上頑張ってもフジモリが譲るとは思えない。キューバはいいところだ。来い」って書いてあったそうです。

その手紙が役に立ったかどうかと言えば、ゲリラを説得するという意味では役に立っていない。ゲリラの方では仲介役を通じて、「あとは私たちにお任せください」みたいな返事を出していたとのことです。

カストロの手紙が来てから、彼らはものすごく油断し始めた。カストロが動き出した以上もう突入はないと思ったのか、今まで1階と2階に分かれていたゲリラたちが全部1階に集まるようになり、そこでサッカーのゲームをやったりしていた。突入に絶好のスキができたわけです。カストロの手紙は、自分を慕っている人たちが突入で虐殺されるような油断を呼び起こしたという意味で、問題解決の役に立った。

だからカストロには感謝しているし、申し訳ないとも思っています。私からすると、大きな借りです。一政務次官が大カストロに借りがあるなんておこがましいけれど、日本のキューバへの借りとも言えます。99年2月にロバイナ外相が日本に来たとき「カストロは、（あなたに会って）これから仕事があると言って帰った直後にゲリラへの手紙を書いた」と言っていました。

後日談になりますが、東南アジアに行っていた時、ペルーで人質になっていた青木盛久大使から電話を貰ったことがあります。「（ペルーに）政務次官が来ておられることは知っていたんですが、お迎えにも出ませんで」なんて言っていたので、「いや、こちらも大使公邸におられることは知っていましたがお伺いもしませんで」と返しました。

青木大使は実は、平沼赳夫さんの大親友なんです。青木さんは元外相の青木周蔵の子孫だし、平沼赳夫さんは平沼騏一郎元総理の養子ですから、そういう上流階級の付き合いがあったのかもしれません。後に平沼赳夫さんが青木さんとのゴルフをセットしてくれました。平沼さんと平沼さんのお嬢さんと青木さんと私、4人で回りました。

ペルー大使公邸占拠事件は、政務次官に就くなり始まって、私なりに一生懸命やった案件ではあります。だから、後に事務次官になる川島総政局長がイスラエル大使で出る時に、「政務次官を大臣でお迎えすることを、外務省一同とともに渇望しております」と言って貰った時は嬉しかったですね。

兼原　川島さんはお世辞を言う人じゃありませんから、それは本音です。

高村　それからもう一つ。フジモリ大統領は突入作戦に備えてかなり早い時点から内緒でトンネルを掘っていたでしょう。当然、そのことは日本政府にも教えていませんが、駐米公使の藤崎一郎さんがその情報を摑んだ。彼はカート・キャンベルさんと仲がいいから、そのあたりからの情報かもしれません。私が福田内閣の外務大臣の時に、彼を駐米大使にした理由の一つです。

イラン訪問

高村　イランには改革派のハタミ政権の時に行きました。当時の政権を担っていた改革派の大統領にお会いできたこともよかったけれど、もっとよかったのはロウハニさん（当時国家安全保障最高評議会書記）という人と知り合えたことです。

ロウハニさんと会う時、大使館の人からは保守派だと言われていました。会談の最初、イランがイスラエルの生存権すら認めないのはおかしいと言ったら、いや、私たちはパレスチナの兄弟たちが吞める和解ができればそれでいいんだ、と言ったんですよ。おや、意外に柔軟だなと思いました。

それでもう一つ、テロ支援はやめたほうがいいと注文を付けました。彼は、占領地の抵抗運動はテロではないと言いました。いや、占領地の抵抗運動であっても、無辜の市民を殺すのはテロだと私が言ったら、それに対しては再反論しなかった。言葉を飲み込んだんですよ。それで私は大使館の人に、彼は保守派だって聞いていたけれど、改革派なんじゃないのって聞いたら、「保守穏健派なんです」とのことでした。ハタミさんと同じような考え方を持っていながら、ハタミさんよりもうまくやれたのは、ロウハニさんは最高指導者と距離が近いということですよね。

外務大臣になってからもイランに行ったのですが、その時はアメリカのオルブライト国務長官に反対されました。ただ、彼女も私が頑固なことは知っているので、どうしても行くならアメリカのイランに対する懸念を伝えてきてほしい、と言ってきた。アメリカのイランに対する懸念というのは、そのうち一つを除いてすべて日本の懸念でもあったので、日本の懸念としてイランに伝えることにしました。

残った一つはイランの中にいるユダヤ教徒がスパイ罪で捕まっているという問題でした。アメリカは、その人がちゃんと弁護士をつけて正当な裁判ができるのかどうか、そして場合によっては死刑になることはないのかと心配していた。

そのことについてはハラジさんという外務大臣に伝えました。彼と会うときは、でっかいプールの出島みたいなところに案内された。イラン内部の盗聴防止のためだったと思いますが。

ハラジ外務大臣は、ちゃんと弁護士をつけて正当な裁判をやる、平時におけるスパイ罪には死刑はない、と答えました。それで日本に帰ってから、外務省を通じて米国に伝えたところ、とても感謝されました。最初に「行かないでくれ」と言っていても、米国の懸念をちゃんと言ってくれれば喜ぶし、感謝もするんですよ、アメリカは。

細谷　その後、ロウハニさんとはお付き合いが続いたんですよね。彼はイランの大統領にもなりました。

高村　大統領になってからも会いに行きました。核合意の協議が続いている最中も、譲り過ぎるぐらい譲ったほうが結局イランのためになる。だから譲り過ぎるぐらい譲ったほうがいい、と伝えました。日本に帰ったら早速メッセージが来ていて、いま譲り過ぎるほど譲っていると伝えてきました。結局トランプさんが全部ひっくり返しちゃいましたが。

兼原　アフガニスタンでタリバンがＮＡＴＯ軍に攻められ、イラクにも米軍が入って、両正面を米軍に挟まれてイランはすごく怖がったんですよ。そこに欧州勢からイランの核協議の話（包括的共同行動計画、ＪＣＰＯＡ）が持ち上がったので、イランには渡りに船だった。石油禁輸制裁が解除されれば数兆円のお金も入ってくるわけですし。多分、大臣からの忠告もその文脈で入って来て、イランが前のめりになったと思うんですね。２０１５年にオバマ政権の下でまとまりますが、トランプ大統領が反故にしてしまいました。

高村　結局まだうまくいっていないけど、核兵器を作るところまではいってないですよね。

一方、イランの敵であるイスラエルには、小渕内閣の外務大臣になってから行ったことがあります。まだイスラエルとパレスチナの関係が良かった頃で、当時の首相は今と同じネタニヤフさんでしたが、実は彼の印象はあまり良くなかった。第四次中東戦争の頃のゴルダ・メイア首相に、「イスラエルは世界の人に同情されながら死んでいくより、嫌われながら生きていく道を選ぶ」という言葉がありますが、戦時ならともかく平時なら少しは好かれる努力もしろよ、などと私は考えてしまう。ところがネタニヤフさんは平時でも嫌われても構わないと考えているようなところがあり、私とは肌が合わなかった。元首相で軍人のシャロン外相とはとても良い会談ができたのですが。

政治家としてバランス型のバイデン大統領もネタニヤフさんは絶対に苦手だと思います。アメリカの場合は国是がイスラエル支持ですから、難しい立場だと思いますが、本当にイスラエルを説得できるのは米国しかありません。

ミャンマー軍事政権も内実はさまざま

高村　政務次官の時にはミャンマーも行っています。軍事政権のナンバースリーだったキン・ニュンさんは非常に開明的な人で、話ができる相手でした。その時、軍事政権を嫌っていたアメリカから、空港改修の大規模援助は絶対にダメだと釘を刺されていましたが、私としては最初からそんなことをするつもりはなかった。人道支援として看護師学校の支援をしようと考えていました。

アメリカとは事前にアグリー・トゥー・ディスアグリーで話がついてミャンマーに行ったつもりだったのですが、当時の斎藤邦彦駐米大使がピカリング国務次官から「もし高村政務次官が空港改修の援助を再開するというのであれば、アメリカは最大限の反対をする」と言われたとの公電が回ってきた。最大限の反対って何だ、原爆でも落とすつもりか、などと冗談を言いましたが、これはすでに話がついていた。アメリカは日本の若い政務次官が直接現地に行ったら何をするかわからないと思ったのかもしれません。ともあれ看護師学校に対する人道援助だけやってきました。

実を言うと、軍事政権に軟禁されていたスー・チーさんは、それにも反対していました。何で反対かというと、看護師学校に行けるのは軍人の奥さんとか娘とか軍事政権の関係者ばかりで、一般庶民は行けないから。でも、軍人の奥さんが行ったって看護師になったら誰でも助けられるのだからいいじゃないかと私は思っていました。スー・チーさんは硬直的に反対し、アメリカも積極的には賛成とは言えない状況でしたが、まあそれは仕方ないねというのが私の感じでしたね。

その後、キン・ニュンさんは本当に改革を進めようとしたのですが、軍事政権トップの逆鱗に触れてしまい、汚職という名目で自宅軟禁になってしまった。

2012年、ミャンマーでもだんだんと民主化が進み始めるというような時に、大統領による恩赦でキン・ニュンさんが自宅軟禁から解放されたので、私はまたミャンマーに行きました。当時、日本は民主党政権でしたから、企業の人たちと一緒です。キン・ニュンさんの自宅まで行って話したら、当時のテイン・セインという大統領は移行政権みたいなもので、いずれアウン・サン・スー・チーさんに政権を渡すだろう。そのテイン・セインさんは、自分が7段階の民主化プランを作った時に部下にいた人間だからきっとうまくやる。こういうふうに言っていました。だから軍事政権と言ったって、ピンからキリまでいろんな人がいるんですよ。

テイン・セイン大統領の後、事実上のアウン・サン・スー・チー政権ができましたが、それに対してまた軍事政権の強硬派がクーデターを起こして権力を握っているのが現状です。時間がかかっても、アジアの国に対しては日本が民主化のための働きかけの努力をしていく意味はあると思います。

カンボジア総選挙の地ならしに奔走

高村　私が一番楽しかったのは、外務政務次官の時なんです。外務大臣もやりましたが、閣僚になると国会答弁に時間を使うことになり、外国を歩いて直接交渉するというのは意外にやりにくい。肝となる外交を存分にやっていたのは外務政務次官の時ですね。

カンボジアの案件も外務政務次官の時です。共同で首相をつとめていたフン・センさんとラナリットさんが衝突して、ラナリットさんが敗走して国外に逃亡した時（1997年）、日本の外務省が4項目の和解案を作って、私のところにも持ってきました。4項目と言いながら、その肝はラナリットさんに恩赦を出して国内で逮捕されないように保証し、カンボジアに帰国できるようにしてラナリットさんを選挙に参加させる、その一点です。それだけフン・センさんに呑ませれば、すべて丸く収まる。

その状況に至った前史の話をしておくと、カンボジアは93年に国連管理のもとで初めての総選挙をやっています。国連事務次長の明石康さんを中心にしっかりした選挙をし、日本も初めてPKOを派遣した。その選挙では、実力派のフン・センさんの人民党と、国民的人気のあるシアヌーク国王の息子ラナリットさんのフンシンペック党が対決し、ラナリットさんのほうがほんのちょっと票が多かった。そこで、第1首相ラナリット、第2首相フン・センという二人首相制にした。現実の政治は実力派のフン・センさんがやっていて、ラナリットさんは第1首相という肩書きを維持しながら活動している、という状況だった。

5年後にまた選挙をやるという直前に、ラナリット派の軍隊とフン・セン派の軍隊が衝突するわけです。アメリカは「フン・センが仕掛けた」と言うし、旧宗主国のフランスなんかは最初ラナリット軍が優勢でのちにフン・センの軍が押し返しましたから、ラナリット側から仕掛けたと言っているフン・センさんの方が正しいかもしれないなどと言っていて、状況は混沌としていた。それでもともかくフン・センさんが勝って、ラナリットさんは国外逃亡したわけです。それで有罪判決を受けて、ラナリットさんは帰ってきたら逮捕されるという状況でした。

そのままラナリットさん抜きの選挙をやったって、国際社会は民主的選挙と評価しない。かといって、フン・センさんはラナリットさんを帰国させたくない。そこでフン・センさんに「ラナリットさんに恩赦を出して下さい」と言ったら、「恩赦は国王の権限であり私の権限ではない」「恩赦を出すように国王に進言して下さい」「いや、国王に進言するなんて、そんな僭越なことはできない」と押し問答が続いた。「国王が恩赦を出すことに反対しない、と言ってくれればそれでいいんです」と言うと、そこで本音が出た。「ラナリットは騒乱を起こして国民に嫌われているから、もしラナリットを帰して治安が乱れても、その治安に自分は責任が持てない」と。

私も困って、「ラナリットさん抜きの選挙をやって、カンボジアが国際社会から見捨てられても私は責任が持てない」と言い返しました。この時は、いま宮内庁の式部官長をやっている伊原純一さんが担当課長として随行していましたが、彼は「あの時、フン・センさんはのけ反りましたよ」って言っていました。

私とフン・センさんが会談している部屋の外では、世界中のテレビ、新聞が待っている。私は成算もないまま一か八か、「部屋を出たら、フン・セン首相は国王が恩赦を出すことに反対しないと言った、と伝えたい。それでいいですね」と迫った。そうしたらフン・センさんは黙って頷いたんです。それですぐに部屋を出て、メディアの前で話して既成事実を作ってしまいました。シアヌーク国王は息子のラナリットさんに恩赦を出したくてしょうがなかったので、当然すぐに恩赦を出しました。

それでタイのバンコクにいたラナリットさんのところに行って、そこで初めて日本政府外務省の作った4項目を示した。当時はまだ地方では戦争が行われている状態でしたが、全部収めるように頼んだ。ラナリットは罪に問われないで帰れるのならそれで万々歳だから、その他の項目は全く問題ありませんでした。

国際社会に祝福される選挙をやって、結果はフン・センさんの大勝。だからフン・センさんは私に感謝しているんですよ。

この間カンボジアに行ったら、フン・センさんの下のナンバーツーであったソー・ケンさんという副首相兼内務大臣（当時）がご馳走してくれたんですよ。その時に、「当時高村さんを招いて自宅で食事をしたら、高村さんが開口一番、『カンボジア政府の決断によって国際社会から祝福される選挙が実現できた。本当にありがとう』って言って、自分はびっくりした。自分が御礼を言おうと思って呼んだのに、先にありがとうと言われて、この人はカンボジアの弁護士だったんだと思った」と言っていました。私は忘れていたんですが（笑）。

細谷　この本が翻訳されてカンボジアにも知られたら、カンボジアの歴史に書き込まれるようないい話ですね。

高村　絶対に嫌がる偉い人を説得できたというのはあまり記憶がありません。98年のアジア通貨危機の時にも、橋本総理の個人特使としてスハルト大統領に会いに行き、IMF（国際通貨基金）との40項目合意を実施するように説得に行きましたが、あの時はスハルトさんも必要性はわかっていた。ただ、合意文書の調印の際に、当時のミシェル・カムドシュIMF専務理事があたかも占領者の如く腕組をしてサインするスハルト大統領を見下ろしているのを見て、インドネシア国民が激高し、実行すると言えなくなっていた。スハルトさんもかなり抵抗するそぶりをしていましたが、IMFとの合意を断固実施すると最後には言って貰えました。この時も、スハルトさんの「断固実施する」という言葉を室外で待っていた記者さんたちに伝えたら、1ドル1万6000ルピアまで下落していた通貨が一気に1万ルピア付近まで持ち直したので、市場関係者にとってはサプライズの大成功であったと言えます。

フン・センさんの場合は、絶対に恩赦を出したくなかった。彼は元々ポル・ポト軍の軍人だった人ですが、ポル・ポトは戦争によってたくさんの人を殺したわけじゃなくて、政権を取って行政のもとで大量虐殺しているわけだから、フン・センさんは虐殺に関与していない。むしろ、大虐殺が始まったので、これはいけないということでベトナム軍とともに攻め上ってポル・ポトを駆逐したわけです。700万人いた人間のうち200万人を殺したポル・ポト政権から軍事力で国を取り戻したのですから、救国の英雄ですよ。世界中で偉い政治家にたくさん会ってきましたが、救国の英雄と言える人は、私の会った中ではフン・センさん一人です。今、カンボジアの人口は1600万以上になったそうです。

細谷　考えてみれば、すごい政治家ですね。

告げ口外交は日本の専売特許にあらず

高村　まあ、カンボジアの民主主義が西側世界の常識からみて異様であることは確かですが。後継者であるフン・センさんの息子のフン・マネットさんはアメリカに留学してウェストポイントを出ていて、その後アメリカの大学で修士、イギリスの大学で博士号まで取っています。彼の問題は、カンボジアの体制について文句を言ってくる西側諸国に対し、あなたの国こそダブルスタンダードだと言って論破しちゃう能力があることなんですよね。

川島　それは逆にまずいですね。

高村　うまい英語で論破できちゃったりすると余計まずい。日本で会った時にそう感じたんですが、首相になったフン・マネットさんに会った時、私が副総裁で彼が陸軍司令官だった時代よりは自信にあふれていて私の話によく耳を傾けてくれました。

細谷　今のカンボジア政府の閣僚で、確か日本の国際大学で学ばれていた方がいますよね。これまで日本政府は、JICA（国際協力機構）などを通じた開発支援の枠組みで、人材交流や人材育成を続けてきました。

高村　これもちょっと余談になりますが、さきほど日本の野党の告げ口外交の話が出ましたけど、告げ口外交は別に日本の専売特許じゃないですよ。カンボジアでもありました。フン・センさんがやっている民主主義は異様かもしれないけれど、野党の告げ口外交も大変なものです。サム・ランシーさんというかつての野党のトップが、フランスに住んで国際社会に向けて発言を続けています。

98年の総選挙後、サム・ランシーさんが私のところに来たことがあります。カンボジアでも本当の民主主義が始まるが、これからどうしたらいいか、何かアドバイスしてくれというから、民主主義には健全な与党と健全な野党が必要だと言いました。野党が外国に行って告げ口外交をやっているようでは民主主義は健全にできない。そう伝えると、そういうことはやらないようにすると言って、サム・ランシーさんは帰っていきました。

しかし、サム・ランシーさんはフランスに住んだまま、相変わらず告げ口外交を続けている。与党と野党、どちらの責任が大きいかはわからない。両方の責任だと思いますが、カンボジアに住んでいる事情通の日本人の話を聞くと、解党させられた最近の野党第一党も、フン・センさんとうまくやって選挙に参加しようという考えもあるらしい。けれどもサム・ランシーさんが相変わらず外国で告げ口外交をやっており、それが相当の影響力があるものだから、党として歩み寄ることが難しいんだ、という話もあるようです。どこまで確かかはわかりませんが。

野党の告げ口外交に耐えて、あくまで民主主義のルールを守ってやっている日本政府、日本の与党は立派だと思いませんか。

兼原　少しだけコメントさせてください。高村さんの話を聞いて、日本外交のアジア中心主義を想起される方もいるかもしれませんが、戦後の日本外交の基軸はあくまで日米関係にあり、戦前のようなアジア主義と英米主義の二項対立は、今は存在しません。

ただ、外交の面では二つ考えるべきことがあって、一つはアメリカ外交は理想主義にせっかちに突き進みすぎるところがあるから、さっき高村さんがおっしゃったように、アメリカが制裁しているけれど国際社会と何とかやれそうな国は、日本の外務省が拾って歩くんです。イランやミャンマーなどへの外交は、明らかに日本はアメリカとスタンスが違う。

もう一つ、国民は大きな国にずっとくっ付いていると不満が溜まる、反発するという心理的メカニズムがある。これはどこの国でも起きる話で、ブラジルなどはもう反米だけで外交をやっているような状態です。特に米国は戦勝国で、7年間も日本を占領支配していた。米国の占領は寛大だったとはいえ、敗戦国の日本にはやはり米国に対するわだかまりがあります。この国民感情をどう消化するかは、職業外交官の世界ではなくて政治家の世界に属します。外交については、将来、外交文書が公開されるまでは、本音の外交の話を全部国民の前に晒すことはできないし、国民は国民で不満が溜まるから、そこをどう処理するかというのは外政家の方々の厄介な仕事ですね。

拉致問題の「定番フレーズ」を案出

兼原　拉致問題は、この頃にはもう意識されていましたか。

高村　拉致に関しては、政務次官になった時点で週刊誌報道以上のことは知らなかった。けれども、いかにもありそうなことだなとは思いました。だから次官になって、外務省の人に「あれはどうなっているんだ」と聞いてみました。そうしたら蓋然性は高いとは言うものの、はっきりしない。そこで警察の人を呼んで聞いてみたら、被害者がいなくなった時の北朝鮮の船の通信記録などをちゃんと取っている。それを聞いて私は確信を持ちましたが、政務次官時代には何もできませんでした。

外務大臣になった時、役所の方から「被害者家族の人たちが大臣に会いたがっていますがどうしましょうか」と聞かれたので、すぐに会いました。あの頃は私もまだ今みたいに涙腺が緩んでいませんでしたが、それでも拉致被害者家族の話は涙なしには聞けませんでした。それで私は、外務大臣として初めて、「拉致問題の解決なくして国交正常化なし。国交正常化なくして経済協力なし」と言ったんです。経済協力というのは、日韓基本条約の時と同じ大型経済協力を意味します。

この頃、北朝鮮が食糧難になって、国連のアピールを受けて日本も北朝鮮に人道支援をしようという話が持ち上がりましたが、私はダメだと言いました。大臣の言う経済協力は国交正常化を受けての大型経済協力のことで、国連のアピールを受けての人道援助とは違うのではないか、と事務方には言われましたが、それでも突っぱねた。北朝鮮は拉致に頬かむりしたままで日本から経済協力を取ろうとしている。いま人道支援なんかしたら、拉致に頬かむりしたままでも大型経済協力も取れるかもしれないと誤解する恐れがある。だから、今の段階では人道支援もダメだと言って、私が外務大臣の時はさせなかったんです。私が辞めた後、米《コメ》支援をするようになりましたが。

兼原　小泉総理が訪朝されて拉致が表に出てくる前は、外務省も拉致問題はあまり意識していませんでした。「拉致問題の解決なくして国交正常化なし。国交正常化なくして経済協力なし」と高村大臣に言っていただいて、これが外務省の一貫した方針になりました。

北朝鮮に関する六者協議が続いていた時期、核問題が解決したら北朝鮮と国交正常化して日本から巨額の資金を出させるべきだとの議論が米国内にありましたが、日本には拉致問題があり、高村大臣の言われた方針があるということで突っ張っていけたんです。

高村　私は小泉さんとはあまり良い関係ではなかったけれど、小泉総理の拉致問題に対する対応は全面的に支持していました。拉致問題と核ミサイル問題を包括的に解決して国交正常化する、これしかない。拉致問題が解決しても核ミサイル問題が解決していなければ大金を出すわけにはいかない。日本から得た金で核ミサイルを整備されて、それで日本が攻撃されたりしたら漫画みたいな話になってしまいますから。

私が「拉致問題の解決なくして国交正常化なし。国交正常化なくして経済協力なし」と言った時に、社会党のある有力議員が「朝鮮民族というのは誇り高い民族だから、拉致なんていうことを認めるわけがないじゃないですか。拉致を認めなくても国交正常化すれば、拉致された人がいつの間にか東京の街を歩いているかもしれませんよ」なんて言ったんですよ。「誇り高い民族だったらそもそも拉致なんてしないでしょ。先生みたいな有力議員がそういうことを言うから、北朝鮮は拉致に頬かむりしたままでも国交正常化ができると誤解して、いつまでも解決しないんですよ」と反論しましたが、そんな現実離れしたことを言う野党議員、それも有力な議員がいたんですよ。

派閥には合理性がある

竹中 また内政の話に戻って恐縮ですが、95年9月にそれまで自民党総裁だった河野洋平さんが総裁選に出馬せず、橋本龍太郎さんが総裁になります。この経緯で何か印象に残っていることはありますか。

高村 村山さんが辞めると言ったから、私は当然河野総裁が総理になるんだろうなと思った。でもあっという間に橋本体制が出来ちゃいましたね。政局の天才である小沢さんがいなくなっても、竹下派の中には政局の秀才がまだたくさん残っていたんでしょうね。

竹中 その辺の経緯については、野中広務さんが自分で書かれています。野中さんの回顧録によると、河野洋平さんは自民党が一番つらい時期に新自由クラブに出ている、そういう人を首相にするわけにはいかない、という思いがあった。もちろん橋本さんに人気があり、かつ経世会の人だったということで橋本さんを擁立した、ということだそうです。

河野洋平さんが一度新自由クラブに出ていたということに、自民党の皆さんはわだかまりを持っていたのでしょうか。

高村　私はあんまり持っていないけれど、持った人はいるかもしれないですね。

政治改革に一応の決着が着いた時、どこかの雑誌が亀井（静香）さんと野中さんと与謝野馨さんと私の座談会をやりました。私は他の3人に比べると格下だと思っていましたが、梶山さんが私も含めたその4人を「村山内閣の四本槍」と書いてくれたことがあるので、そんな座談会が企画されたんでしょう。

その時に、派閥のことを聞かれて、私は概ね次のような話をしました。自民党の派閥連合政権はなくなったけれど、では派閥がなくなるかと言えばなくならないし、むしろより重要で、より害が少なくなってくるだろう。選挙制度改革の結果、これからは執行部独裁になっていくので、それを牽制する意味でも派閥には意義がある。今までのような「党内党」のような力は持ち得ないにしても、政治家を鍛える塾としての役割は変わらない。そもそも人間は3人寄れば派閥ができると言われるくらい「群れる」のが当たり前だから、なくなると考えるのは不自然だ。また、自民党だけでも何百人という国会議員がいて、任命権者の総理大臣といえども全員を知ることは不可能である。だから、派閥という形で、学校で言えば一種のクラス分けをやって、そこから優等生を出す仕組みには合理性がある、と。

第4章　小渕内閣の外務大臣

竹中　橋本内閣の時に保保連合という話が持ち上がりました。きっかけは沖縄の基地に関する特措法（駐留軍用地特別措置法）の改正です。沖縄の米軍基地に土地を提供するため、民有地を借り上げているわけですが、仮に所有者がもう貸さないと言った場合、従来は県知事が協力してくれないと強制的に借り入れを継続することができない体系になっていました。そこで法律を改正し、知事が協力しない場合、最終的に首相の判断で継続できるという仕組みに変えました。これに当時橋本政権と閣外協力する立場にあった社民党（旧社会党）が反対する一方、野党の新進党が協力して特措法が通りました。その流れの延長上で、新進党との関係を深めていくというのが保保連合構想だったのかと理解しています。

結局、小渕さんが総理になった時、解党した新進党の残党である小沢さんの自由党が小渕内閣に協力するという形で保保連合が実現したとも言えます。こうした動きについて、印象に残っていることはありますか。

野中広務がつぶやいた「おい、ブレちゃったな」

高村　私自身はほとんどそこに噛んでないんですよ。私はもっぱら日本の外で外交をやっていましたから。池田外相の下でもそうだし、その後の小渕外相の時もそうでした。外相は国会に身体を取られるから、政務次官の私が飛び回るという役割をしていました。

ひとつだけ印象に残っているエピソードがあります。多分、98年7月に小渕内閣ができてからだったかと思いますが、保保連合——当時は自民党と小沢さん率いる自由党の連合ということで自自連合と言っていました——が表に出た時に、野中さんが私に向かって自嘲気味に「おい、ブレちゃったな」って言ったことがあるんですよ。野中さんは小沢さんが大嫌いで許せない人だから、俺としたことがブレちゃったな、という意味だったんでしょう。私は「ブレるのが日常茶飯事のやつはたくさんいるけれど、(野中さんみたいに)ブレない人がたまに大ブレするのはいいんじゃないですか」って言って慰めた覚えがあります。

竹中　小渕内閣ができたのが1998年ですが、その少し前の97年12月末に新進党が解党しています。印象に残っていることはありますか。

高村　新進党が壊れたこと自体は特に印象がないんですが、自由党にいた野田毅さんが自治大臣として入閣してきました。野田さんは非常に見識のある人で、元大蔵官僚ですから税だとか予算はもちろん、外交安全保障にも見識がある人なんですよ。予算委員会では私の隣に座っていました。

それで私がちょっと困ったのは、小渕さんがいろんな答弁するわけですが、これはちょっと将来問題になるかなという答弁をすると、とたんに野田さんが委員長に向かって「外務大臣、外務大臣！」って叫ぶんですよ。総理が言っているんだからこのくらいは許容しておくかと、私が思っているところで。

それで、私が手も挙げていないのに委員長が私を指名するわけです。すると野党のほうは「総理、総理！」で有名な辻元清美さんが質疑の打席に立っていたりするので、「総理に聞いてるんですよ、総理、総理、総理、総理！」などとたたみ掛けてくる。それで事実上、野田さんが指名したみたいな形で私が出ていって、将来あまり困らないように答弁していたのですが、そんな時、辻元さんの「ソーリ、ソーリ、ソーリ」に答えて「ここで俺がアイアムソーリーって言ったら審議が止まっちゃうだろうな」とか思っていたことはあります（笑）。言いたくてたまらなかったんだけど我慢して、申し訳なさそうに答えた記憶があります。

その「アイアムソーリー」を言う機会は、後に訪れました。第二次安倍政権の時、安倍さんから「北海道に鈴木貴子さんの応援に行く約束をしていたんだけれど公務で行けなくなってしまった。高村さん代わりに行ってください」と、その日の朝に電話がかかってきたんですよ。北海道では当然、総理が来るというので鈴木宗男・貴子の親子がものすごい人を集めている。しょうがないから私、その場で「アイアムソーリー」って言いました。国会で言うのを我慢した十数年後です。笑いは取れたけれど、総理の来訪を期待していた聴衆は納得はしなかったでしょうね。

すみません、ちょっと脱線してしまいました。

中国の外相が「今度の外務大臣はおたくでしょ」

竹中　橋本内閣の下で実施された参議院議員選挙（98年7月）で自民党が大敗し、責任を取る形で橋本さんが退陣を表明されて小渕内閣が誕生します。この流れはどう受け止められましたか。

高村　まあ、そうだろうなと。竹下さんからすれば、それほど好きでもないけれど国民的人気がある橋本さんをまずやらせて、その後に本当に好きな小渕さんにやらせた、ということでしょう。

竹中　小渕内閣の外務大臣に就任されたのは、どういう経緯でしょうか。

高村　橋本内閣で池田外務大臣のもとで外務政務次官をやっていましたが、橋本さんが内閣を改造する前くらいに、経団連の何かの委員会に呼ばれて講演をしたことがあるんです。その委員会の委員長はアサヒビールの樋口廣太郎さんでした。そこで何を話したのかはもう忘れてしまいましたが、樋口さんが「これから池田（行彦）さんに代わって小渕さんが外務大臣になるけど、その時も引き続いて高村さんが外務政務次官をやってくれ」というようなことを言われた。むしろ、それを言うために呼ばれたみたいな感じでした。

後でわかったんですが、小渕さんと樋口さんはものすごく親しいんですよね。池田さんが辞めて今度は小渕さんが外務大臣になるなんて、私が全然知らないことを一民間人なのに知っていたくらいに。そんな経緯があったから、小渕内閣ではどこかの大臣にはしてもらえるかなとは思っていましたが、それが外務大臣という重量級ポストになるとは思っていませんでした。
小渕内閣の発足直前のタイミングで、マニラでARF（ASEAN地域フォーラム）の会議がありました。その前半部分に小渕外務大臣が出席していたのですが、組閣準備のために日本に帰ることになり、後半部分は私が行きました。そこで（中国外相の）唐家璇さんに会ったら、「今度の外務大臣はおたくでしょ」って言うんですよ。「いや、もっとシニアの人がなると思う」って答えたら、「シニアの人って誰ですか？　加藤紘一さんですか？　加藤紘一さんは評判悪いでしょ」なんて言ってくる。
竹中　中国は、日本の国内事情も理解しているわけですね。
高村　ともあれ「いや、誰になるかは知らないけれど、私じゃないですよ」と答えて、組閣の前日に日本に帰った。そうしたら、空港から戻る車の中で柳井俊二外務事務次官から電話があった。「今度の外務大臣、政務次官らしいですよ」って言うから、「それは小渕さんから聞いたの？」って聞き返したら、「いやいや、聞いたわけじゃないんですが」って否定していましたが、口止めされていたんでしょうね。
兼原　そうだと思います。
高村　「聞いたわけじゃないんですが、そういう噂です」と。それで、「噂の中の何番目かに私の名があることは知っているけれど、こっちも疲れているんだから、そんな噂程度で連絡してくるな」って怒った覚えがあるんですよ。後から考えれば、柳井さんは小渕さんから直接聞いて親切に伝えてくれたのに、悪いことをしたと思いました。

翌日、午前中に小渕外務大臣としての最後の幹部会があって、その時に「次の外務大臣はこの人にやってもらう」と言って、私を指しました。「この人は私以上にバランス感覚がある」と言ったんですよ。小渕さんは自他ともに認めるバランス感覚の人ですよね。その人が「この人は私以上にバランス感覚がある」と皆の前で言ったのは、嬉しかったですね。

竹中　そういう形で外務大臣就任を伝えられた、ということでしょうか。

高村　そうです。

竹中　小渕さんは大臣と政務次官はセットで決めるという考え方を持たれていたと一部で聞きます。高村外務大臣のもとの政務次官は総理自身が決められたんですか、それとも先生がお決めになったのでしょうか。

高村　私ではないです。　総理が決めたのかどうかは知りませんが。その時は、文部大臣を経験された町村信孝さんと参議院の武見敬三さんの2人です。私は日本語しかしゃべれないけれども、町村さんは通産省時代にニューヨーク駐在を経験していて英語がしゃべれる。武見さんは英語と中国語がしゃべれる。日本語しかしゃべれないほうが外務大臣になりやすいよ、という話をどこかでしたことがあります。

竹中　この時、もう一つ注目を集めたのは、小渕総理が総裁特別枠という閣僚ポストを四つ作ったことです。宮澤喜一さん（大蔵大臣）、堺屋太一さん（経済企画庁長官）、有馬朗人さん（文部大臣）、野田聖子さん（郵政大臣）をその枠で入れます。

抜擢人事とか目玉として民間人を閣僚に登用するということは、従来もけっこうありました。

有名なところでは三木内閣の永井道雄文部大臣や大平内閣の大来佐武郎外務大臣などがいます。ただ四つも作ったらその分派閥への配分枠が減るので影響が大きかったはずです。当時は派閥政治が強かった時代ですが、先生はむしろ配分される側にいらっしゃって、そちらから見て印象に残っていることはありますか。

高村　特に印象はないです。いいんじゃないですか。総理大臣がそれくらいのことをやるのは。

兼原　官界から見たら、90年代というのは官僚の力が落ちて、政治主導が動き始めた時なんです。政治家が、官僚任せではなく、自分たちが国を動かすのだという意識が強く出た時代です。私たちは、総理が閣僚を指名する権限が強くなるだろうと思っていました。政務次官などもどんどん偉くなってきていました。

高村　閣僚経験者が政務次官になったのは、先ほども言ったように、前々から加藤紘一さんが大政務次官構想というのを持っていたからです。加藤さんが幹事長になって、その構想に橋本さんが乗ったわけです。

竹中　もう一つ言われていることは、小渕さんは派閥に割り振ったポストについても、あまり派閥推薦を受けないでその派閥の中で気に入った人をご自身で選んで決めていたということです。これはそうなのでしょうか。

高村　それはやっていたんじゃないですかね。私の外務大臣就任だって、別に派閥推薦じゃないですけど、数としては派閥枠としてカウントしていると思います。

自自公連立の動きを知らずプチトラブル

竹中　小渕内閣は99年の1月から、小沢さんの自由党との自自連立政権になります。当時は98年の参議院議員選挙で自民党が大敗したので、民主党を中心とする野党が参議院の過半数を握り、いわゆる「ねじれ」が生じていました。それで当時、金融問題の対応で野党が提案してきたものを丸呑みするとか、参議院で額賀福志郎防衛庁長官の問責決議案が可決されて額賀長官がお辞めになるというようなことがありました。

その後、98年11月に小沢さんと小渕さんが党首会談を開き、連立内閣を作る交渉を始めることで合意し、99年の1月に連立政権が発足します。先ほど、野中さんの話がありましたが、この一連の経緯で印象に残っていることはありますか。

高村　野中さんは、自自連立は最初から公明を入れるための一里塚と考えていたと思います。私はそれを知らなかったんですよ。それで国会答弁で公明党を怒らせてしまった。

あれは周辺事態法の時でしたが、周辺事態とは何かということについて、総理が言っていること、外務大臣が言っていること、官房長官が言っていることがすべて違っている、だから政府統一見解を出せと、公明党の委員が質問したんですよ。

周辺事態というのは、事態の性質に着目した概念で、地理概念ではなく云々と、3行ぐらいの役所がつくった文章をペラペラペラって読んで、「こういうことを3人がそれぞれ自分の言葉で話しているだけです。そんなことにまでいちいち政府統一見解を出せなんて言われたら、これから3人ともこの文章をそのまま読むだけになりますよ」って言ったんですよ。そうしたら公明党幹部の太田昭宏さんが、高村外務大臣の答弁は不遜だと言って、自民党の古賀誠国対委員長のところに怒鳴り込んできた。

古賀さんのところに遊びにいったら、自民党の議員でも高村外務大臣はけしからんと言って国対委員長室に怒鳴り込んできた人がいたという。実はある外務官僚がその議員に、こういう質問をしてくれと頼みに行っていた。そんな質問が出ると国会答弁の勉強会の時に聞かされたから、何でこんなつまらない質問が出るんだ、そんな質問は事前に潰してくるのがあなたたちの役割だろう、って私が言ってしまった。だから、その外務官僚は自分が振り付けたと言えなくなっちゃったわけです。

事情を知らないから、私は非常にそっけなく答弁をした。質問したのは私たちより1期先輩の議員なんですけど、彼は古賀誠さんのところに行って「あれは俺だって変な質問だと思ったんだ。だけど外務省から頼まれたから仕方なく引き受けたのに、高村はそっけなく、おまえはバカかと言わんばかりの答弁をした」と怒っている。「だけどそういうそっけなく答弁するところが高村ちゃんの味じゃないの」って古賀さんが取りなしたら、「おまえらは友達だからそれでいいかもしれないけど、俺は高村なんて友達でも何でもないんだ！」ってキレていたらしい。

それがちょうど重なったので、朝日新聞で記事になって「そつない答弁、時に『不遜』」なんて書かれてしまった。まあ、自民党内を怒らせたのは我々外務省側の不手際だから、それは申し訳ない。でも太田さんが怒鳴り込んできたのは、自自公連立が進んでいることを私が知らなかったからです。一言言っておいてくれれば、そんな無礼な答弁はしなかった。

空想的平和主義の「エコシステム」

竹中　99年9月、政権発足から1年後の自民党総裁選挙では、現職の小渕総理に対して、加藤紘一さんと山崎拓さんが挑んでいます。この総裁選は印象に残っていますか。

高村　残ってないです。だって問題にならなかったでしょ。問題にならない時は印象に残らないんです。

竹中　自自連立は99年10月から自自公連立になりました。

高村　自自公連立が成立してよかったなと思いました。55年体制で鋭角的対立になっていたのは、安全保障政策についてだけです。他の問題では妥協の余地があるけれど、現実的平和主義と空想的平和主義の対立は根本的なものですから。だからねじれは絶対困るんです。ねじれがあると、マスコミの応援を得てまたぞろ空想的平和主義が復活してきてしまう。

92年にPKO法を通す時には野党が牛歩戦術をやって、成立までに4泊5日もかかってしまいました。この時はPKOに賛成の新聞も反対の新聞も、社説で「異常な国会だった」と書いた。だから、安全保障関連の政策で、デモも巻き込んだような「騒動」になっちゃった時は、早く通す以外にないんですよ。長く議論すれば収斂するんじゃない。長く議論すればするほど議論がどんどん分かれ、騒動が長引く。そのことを私はそこで学んだから、平和安全法制の時も「絶対に一国会で通せ。持ち越すな」と言っていました。

細谷　そこは安倍総理と、あるいは自民党の中で、一致していたんですか。

高村　安倍さんと私は全く一致していました。当時、参議院の特別委員長になったのが鴻池祥肇さんでしたが、鴻池さんが私に電話してきた時、「野党7、与党3でやりますのでよろしく」と言うので、「野党9、与党1でもいいよ。でも最後、機が熟して採決する時は、与党10野党ゼロですよ」と答えたら、「心得てます」と。

院内の活動と院外活動が一体化した場合は、これはもう「騒動」だからね。そうなると、他の重要政策が一切できなくなる。だから一国会で決着をつけなきゃだめなんですよ。

兼原　「騒動」になると、倒閣を目指した政局です。自治労、日教組などに動員がかかります。シニアな人が多いのですが、彼らが色とりどりの旗を立てて国会を取り囲むと、友達である左派メディアの社会部の記者たちが、「怒れる市民、国会を取り巻く」なんて翌日の新聞にでかでかと記事を出す。その記事をもとにして、野党の先生は国会で質問する。これが55年体制下の劇場型安保国会を演出する「エコシステム」です。こうなったら激突しかない政局モードですから、孫子の言う通り「巧久より拙速」ですね。

川島　安保法制の時、多くの人が日本で反対しているという日本のメディアの議論を中国の人民日報が引用して、安倍政権が民意に反したことをやっていると報じていました。その報道を、「中国も怒っている」とまた日本のメディアが拾う。そのような連鎖ができあがっていました。

細谷　当時、政権の支持率がどれくらい下がるかは、心配されていなかったですか？

高村　全く心配していなかったですね。日米同盟のために必要なことですし、次の選挙までに国民の理解が得られると確信がありましたから。

江沢民訪日の裏側

川島　橋本内閣から小渕内閣に代わる時、橋本総理は参議院選で負けた責任を取って辞められたわけですよね。参院選で負けて内閣がなくなるというのは、それまであまり例がなかったように思います。スキャンダルも絡んだ宇野宗佑内閣くらいではないでしょうか。橋本総理が辞められたのは参院選で大敗したからですか。

高村　だと思いますよ。参議院選で負けるとねじれになりますから、それは責任取っていいんじゃないですか。参議院で否決されて、衆議院を解散するよりは合理性はあると思います。

川島　高村先生は、四つの日中の基本文書のうち、98年の日中共同宣言の時も2008年の共同声明の時も、ともに外相でいらっしゃいました。98年11月には江沢民国家主席が訪日していますが、本来は10月に来日した韓国の金大中大統領より前に来るはずだったものが、長江で水害が起きたことが原因で来られなくなって、順番が変わってしまった。

日中共同宣言は非常に立派な文書で内容は素晴らしいのですが、世論は江沢民訪日に猛烈に反発しました。先に日本に来た金大中大統領はもうこれで歴史問題はおしまいにすると言ったわけです。それに対して、江沢民国家主席は歴史問題をめぐる日本に対する批判的姿勢を修正せず、さらに宮中晩餐会で中山服を着ていたことが注目され、日本の世論は江沢民に猛烈に反発しました。中山服を着たこと自体は儀礼的に別に問題はなかったのですが。でも日中共同宣言に村山談話の遵守を日本側が入れるとか、この宣言は当時の文脈の下ではきれいにまとまっていると思います。

あの時の交渉で印象に残っていることはありますか。

高村 もともとは小渕外務大臣が訪中する予定だったのですが総理大臣になっちゃったので、国会でばったり会った時、竹下さんから、「高村さんが訪中するのも一案だと思うがな」という話がありました。そこで私はすぐ次官の柳井さんに「訪中しようと思う」と伝え、話があったその日のうちに、竹下さんに行くことに決めましたと返事しました。後に竹下さんの本（『政治とは何か 竹下登回顧録』）に、「この人も決断が早い」なんて書いてありました。

それはそれとして、中国に行ったら唐家璇外相は、「過去にしがみついておたくに迷惑はかけません」と言ったんですよ。だからその時は友好的な雰囲気だった。それで共同宣言の案もどんどんまとまっていったのですが、最後になって「金大中には文書で謝ったぞ」というのが来て、中国国内がもたなくなった。

唐家璇さんは江沢民さんの来る前の日に日本に来て、私と1対1で会談しています。その時に、過去の大戦で中国が被った損害は韓国が被った損害の何百倍、何千倍にも及ぶ。韓国にだけ文書で謝って中国には謝らないのは、日本が過去の戦争を反省していない証拠である。中国にも文書で謝罪を入れろ、と言ってきたわけです。

私はこう反論しました。日中国交正常化の時に、日本は文書で謝っている。その謝り方に中国側が満足したかどうかは別にして、日本がもう文書で謝っているのは事実だ。韓国に対しては、過去に謝ったことはなく、今回が初めてだ。だから韓国への対応は中国とは違うのだ。もう既に謝ったのに再び文書で謝るということを、日本としてはできない、と。唐家璇さんは中国の被った損害の凄まじさと、過去の日本のお詫びの言葉の軽さを繰り返して迫ってきました。

そこで最後、私はこうカードを切りました。江沢民さんとの会談の中で小渕総理が口頭でお詫びの言葉を申し上げる、それが日本側のできる限度である、と。そうしたら唐家璇さんは数分の沈黙の後に、「それでは双方の事務当局に小渕総理が口頭で述べるお詫びの言葉を詰めさせましょう」と言いました。それで決着でした。

翌日、江沢民さんが日本に来た。その決着を聞いて、江沢民さんは不満だったんでしょう。滞日期間中、日本批判を繰り返しました。その後、唐家璇さんもずいぶんとイヤな目にあったらしい。外交部に、「李部長はいますか？」なんて電話がかかってくる。「うちの部長は唐部長ですよ」と答えると「えっ？　李鴻章さんじゃなかったんですか？」なんて言われたそうです（李鴻章は日清戦争後の下関条約に調印した清国の政治家）。

白い粉も送られてくる。「これはカルシウムです。お腰の骨が弱いようなので、これを飲んで丈夫にしてください」なんて書かれているらしい。唐家璇さんは、あの時は中国にいる中国人よりも国外にいる中国人から余計に叩かれていたと言っていました。

日中が外交で激突すると、どちらかの外相が叩かれざるを得ない。あの時は、幸か不幸か私は叩かれないで済んだけれど、唐家璇さんが叩かれた。気の毒でした。最初に、過去にしがみついておたくに迷惑はかけませんと言った人ですからね。

翌年、小渕首相が訪中します。大体総理と外相は手分けしていろいろなところに行きますが、その時だけは小渕さんが私に「ついてきてくれ」と言うので、小渕さんと江沢民さんの会談と昼食会についていったんですよ。

この時の江沢民さんは、過去を責めるようなことは一言も言わなかった。日本の世論が効いたんです。外交に携わる人は、自分の国の国民感情に気を配るのはもちろん、相手国の国民感情にも気を配らないといけない。江沢民さんは、もっと前に日本の国民感情に気を配ってくれればよかったけれども、ちゃんと修正はしているんですよね。

川島　そうですね。2年後の2000年に朱鎔基首相が日本に来て、TBSの筑紫哲也さんのテレビ番組に出て、日本人の若者と話したりしました。江沢民さんによって悪化した日本の国民世論を少しでも好転させるべく、日本人との対話をテレビや記者クラブなどでやったのです。

高村　だから日本の国民感情が悪化することも、たまにはいいんですよ。相手側も、これではまずいと思うわけだから。

細谷　自然災害が原因で、中韓の首脳訪日の順番が逆になってしまったわけですが、仮に順番がそのままだったら事情は変わっていたのでしょうか。

高村　あの時点では、中国との間にそんなに大きな問題は起こらなかったでしょう。ただね、結果オーライかもしれないですよ。日本国民がすごく反発したことによって、中国側が日本国民の感情にも配慮しなければいけないということを悟った。朱鎔基さんが来日して日本国民に直接働きかけるとか、訪中した小渕さんに対しては江沢民さんが来日当時の怒りの100分の1も見せなかったり、とかね。

対日外交で韓国を気にする中国

兼原　中国って案外、韓国を見ているんですよね。対日外交でかつて朝貢していた韓国のほうが点数が高いと、宗家の中国としては絶対許せないという感じになる。それを痛感したのは大陸棚の境界画定の時です。1974年に署名した日韓大陸棚協定（発効は78年）では、大陸棚の境界画定の際にはまず海底の地形をそのまま見て決めるべきだという自然延長論に勢いが残っており、共同開発区域を日韓中間線の日本側だけに作った。黄海、東シナ海は黄河や揚子江の泥で埋まっていますから、海底地形を見れば、一見大陸側が有利に見えます。そのため、日韓南部大陸棚の共同開発区域は九州沖にあります。

ところが、その数年後の1982年に国連海洋法条約ができて、EEZ（排他的経済水域）の制度ができる。EEZの境界画定には海底の地形は関係ない。原則、中間線で良いのです。EEZと大陸棚は異なる制度ですが、海底と海水は物理的にくっついていますから、EEZの境界画定の方法が大陸棚の境界画定の方法にも影響を与えざるを得ない。それで海底地形を見るという大陸棚の自然延長論に勢いがなくなってきたんです。

大陸棚境界画定に関する国際判例も、まず中間線を引いてから調整するという判例が増えてくる。私はたまたま外務省の法規課長（現・国際法課長）でしたが、家内が後に国際法学会の代表理事を務めた国際法学者（兼原敦子氏）で海洋法に詳しく、日本の立場を国際判例に合わせて変えるべきだという話になった。これからは中間線の両側に共同開発区域を作らないと、日本が一方的に譲歩したということになってしまう。それで中国には、日中中間線の両側に大陸棚共同開発区域を作りましょうと提案しました。

私が北京に出向いて交渉している交渉初期には未だ中国側も理解を示していました。しかし、だんだん中国が態度を変えてきて、結局、交渉は頓挫した。その後、中国は、日中中間線の中国側で一方的にガス田の開発を始めた。日本は、交渉のテーブルを蹴飛ばして、境界未画定の水域で一方的に海底資源を開発するのはけしからんと言うけれど、中国は聞く耳をもたない。

ただし、中国の立場から見たら、耐えられなかったんだろうと思います。真横にある日韓南部大陸棚境界画定交渉では、日韓中間線の日本側にだけぺろっと共同開発区域ができたのに、日中大陸棚共同開発区域は、日中中間線の中国側と日本側の両側にあることになる。これは、韓国を格下にみている中国からすれば、政治的に絶対受け入れられなかったんだろうと思います。

高村　中国は大陸棚論で、中間線のこっち側も掘りたいと思っているけれど、向こう側だけで我慢しているということは、それなりに自制しているんですよね。それは温家宝、福田の時で、私が2回目の外務大臣で口槍を入れた時ですね。

竹中　ちょっと素人質問で恐縮ですが、相手がそんなに韓国との並びを意識している国だったら、すでに一度謝ったという事実は変わらないんだから同じ文言を入れて向こうのメンツを立てるという選択肢はなかったんですか。

高村　それは国内の世論が無理だったでしょう。国内世論はそんなに甘いものではない。何度もペコペコするな、と。

98年の江沢民訪日の前、桜井新さんや安倍晋三さん他何人かの議員が、中国に絶対謝るなって申し入れに来たんですよ。中国に文書で謝ることはないから安心しろ、と伝えたら、安倍さんが「高村さんは大丈夫でも総理がわからない」と言う。でもその時、総理は文書では謝らないと固く決めていましたから、大丈夫だと伝えました。

私と唐家璇さんが決めた、最後に小渕さんが口頭で謝るという決着を事務方から伝えられた時、小渕さんは「高村君はずるいな。自分だけいい役やって、俺に謝らせるのか」と言っていたそうです。「怒ってた?」と聞いてみると、「いや、にやにやしていました」と言うし、事前にも一応の了解はとっていたから、まあ納得はしてくれたんでしょう。

川島　98年はクリントンが大訪中団を率いて9日間も中国に滞在し、米中関係が急接近した年です。ところが99年にベオグラードの中国大使館誤爆事件があって、ここから米中関係が悪化しました。米中関係が悪化した時期、日中関係はさほど悪くはなかったわけですが、中国やアメリカからそれぞれとの関係をとりなしてほしいとか、メッセージを依頼されたりしたことはなかったですか。

高村　それはないですね、（米中のような）大国がとりなしてほしいというようなことは。ただ、あの頃はアジアで大きな会議がある前には、アメリカのアジア担当の人たちが日本に来て、アメリカが孤立したくないから日本がどういう立場を取るのか事前に聞かせてほしいと言ってくることはよくありました。ある意味で、日本にお伺いを立てながらやっていたということでしょう。

川島　そうなんですね。今から振り返るとすごい時代ですね。

対中関係では、小渕政権は遺棄化学兵器の問題も手掛けましたよね。

高村　遺棄化学兵器については、あまり記憶がありませんが、後に国会で松原仁さんに質問されたことだけは覚えています。彼が言っていたのは、遺棄化学兵器は全部中国に引き渡しているんだから、日本が責任を負うべきことではないのではないか、ということでした。それに対して私は、遺棄化学兵器を引き渡したか引き渡していないかは、引き渡した側に必ず立証責任があるので、そんなに容易《たやす》くは判断できない、と答えたと思います。

日本の軍隊は、天皇陛下が玉音放送されてすぐ武器を置いたという非常に立派な軍隊なんです。けれども、仮に戦争犯罪になるようなものがあったとして、その証拠になるようなものをむざむざすべて引き渡すだろうか、とも思うんですよね。だから、引き渡したかどうかはわからない、立証責任を持つ日本側としてはそんなに容易いことではないということを私の勘で答えました。その後、松原仁さんから私に対して直接論戦を挑まれたことはありませんでした。

台湾は徹底的に現状維持で

川島　さっき中国の話を伺いましたが、台湾のほうでは李登輝総統が96年、総統直接選挙を実施し、台湾海峡危機も発生しました。李登輝さんが台中関係を「特殊な国と国の関係（二国論）」などと、ちょっと微妙な言葉遣いを始めた頃ですし、日本国内における対台湾世論も大きく変化していきました。それまで悪かった日本の対台湾世論がよくなっていったわけです。この時期の台湾の問題について、何か記憶はございますか。

高村　外相の時には記憶はありませんが、台湾についての私の立場は一貫しています。

青山繁晴さんって知ってます？

川島　はい。

高村　青山繁晴さんは、彼がまだ共同通信の河本敏夫先生の番記者だった頃から知っています。彼は私に、「高村さんは中国派ですか？　台湾派ですか？」って聞いてきたことがあります。私はこう答えました。「私は日本派だ。台湾海峡の波が静かであればいいと思っている。だから中国が台湾に軍事侵攻するなんてもってのほかだし、台湾にも安易に独立なんて言ってほしくない」と。私はその発言を忘れていたんですが、後に彼が自民党の議員になってから、高村さん、こう言ってましたよね、と思い出させてくれました。青山繁晴さんは私を攻撃しない。親中的に聞こえるであろうことを言っても全然攻撃しないんですよ。その根底にはこの発言があるみたいです。

兼原　最近バイデン大統領も台湾有事に介入すると言い始めましたけど、アメリカの台湾政策の真髄は高村さんと全く同じ現状維持なんです。米国の台湾政策は、台湾有事に介入するかしないかを言わない曖昧政策だと言われることもありますが、あれは中国の顔を潰さないという外交上の配慮を出ない。政策ではありません。アメリカの政策は、一方で台湾の独立は認めない、しかし、中国の武力侵攻は許さないというものです。

中国の実態は、朝鮮やドイツと同じ初期冷戦が生んだ分断国家です。事実上、中華人民共和国と中華民国という二つの中国がある。台湾は、客観的にみれば経済規模も人口もG20レベルの大国で、本当は未承認国家と法的には評価されるべき実体です。しかし、毛沢東と蔣介石の両方があくまでも中国は一つで、自分が代表だと言い張るから、中国は一つだという理屈に付き合っているだけなんです。キッシンジャーが手掛けたニクソン訪中時の上海コミュニケ（72年）をよく読むと、台湾海峡の両岸の中国人が、中国が一つだと言っているので、アメリカはそれに異議を唱えないと書いてある。米中国交正常化とは、その「一つの中国」という考え方を前提にして、代表政府を台北から北京に切り替えたという風に法的論理が整理されています。二つの中国がどっちも「中国は一つ」って言ってるから、アメリカはそれに付き合うとしか書いてないんですよね。この後、日中首脳会談で周恩来首相は、田中角栄首相に、上海コミュニケは、キッシンジャーの傑作だと述べています。

この時、周恩来は、中国が台湾を攻撃することはないとも言っています。米中国交正常化当時、中国は軍事的に弱くて台湾に侵攻するはずもありませんでした。だから米国は、中国のメンツを立てて、台湾有事に介入するかどうか曖昧にしてきたのです。しかし、台湾は戦後一貫して西側の勢力圏内ですし、米国が武力による中国の台湾併合を認めたことは一度もありません。台湾海峡の平和と安定を維持するというのが米国の本当の台湾政策であって、実際は力をコミットした現状維持政策なんですよね。

「国益」「戦略」という言葉は外務省でタブーだった

高村　外務大臣になって最初の講演をした時に、驚いたことがあります。私は、日本の外交は国益を守るために行っている、と至極当たり前の話をしたのですが、外務省の若い職員が何人か来て、ありがとうございます、とお礼を言われました。彼らによると、「国益を守る」というのはそれまで言えない雰囲気があったそうです。その前にも「戦略的」という言葉は使ってくれるなという話は聞いていましたが、国益を守っちゃいけないなんて聞いたことがなかった。何を考えているんだとビックリしました。

兼原　私が81年に入省した時も言われましたよ。国益と戦略という言葉は使っちゃいけないと。

高村　98年ですよ。98年でもまだ国益とか戦略とか、使いにくかった。

兼原　本当は国益も戦略もあるのですが、55年体制下では何を言ったって社会党や左派メディアが反対して潰しにかかるので、面倒くさいから何も言わずに黙って聞いておこう、という雰囲気になるんですよね、役所の中が。民主主義国家としては不健全な話です。

細谷　お話を伺っていて、高村先生のバランス感覚に大変感銘を受けました。お父様が小学校を出た醤油屋の息子とおっしゃっておられましたけど……。

高村　醤油屋の息子じゃない、醤油屋の小僧をやっていた農家の息子です。

細谷　失礼しました。普通だったら近衛総理に媚びたりすり寄ったりするところ、秘書官としてのお父様はすごく骨があった。内政が失敗しても一内閣が壊れる程度だけれども、外交に失敗すると一国が崩壊するとおっしゃるほどの見識もお持ちでした。幼少の頃、お父様からいろんな話を聞いて、それが心の中に残っていて、それが政治家としてご判断される時の軸になっているように感じます。

ちなみに私、博士論文で書いたイギリス外交の研究テーマが、20世紀で最も偉大な外務大臣と言われているアーネスト・ベヴィンでした。彼は小学校しか出ていない、農家の私生児なんです。イギリスの外務大臣はほとんどオックスブリッジですけど、小学校しか出ていない私生児のベヴィンが最も偉大な外務大臣と言われている。それはブレないということと、判断がいつも的確であったからである、と。高村先生のお話を聞いて、同じような資質をお持ちであると感じました。

高村　ありがとうございます。お世辞は大好きだから嬉しいです。

細谷　小渕政権時代には、金大中大統領も来日しています。金大中という政治家を、どう評価されていますか。

高村　金大中さんは、一言で言えば「許す人」ですね。過去の日本も許したし、軍事政権も許している。私は気に食わないけれども北朝鮮も許している。だからノーベル平和賞を取るのにふさわしい人です。

98年の日韓共同宣言の時には、金大中さんのほうから日本政府に「一度文書で謝ってくれ。そうすれば二度と韓国政府としては過去について日本を糾弾することはない」と伝言がありました。言論の自由があるからマスコミや国民からはいろんな声が上がるだろうけれど、政府としてはもう二度と言わない。将来についても自分で責任を持つ。そこまで言っているわけですよ。けれど金大中さんの不肖の弟子どもが裏切って、その将来に責任を持てなかった。まあ弟子とも思っていないのかもしれないけれど。

金大中さんにはやはり、自分の勢力範囲を抑えるだけの一定の力があったんですよ。いわゆる進歩派の金大中さんが一度、「将来のことも自分が責任を持つ」と言って抑えた。今の保守派の大統領も、別のやり方で抑えている。不肖の弟子であるポピュリストたちが今後もいろいろ騒ぐことはあり得ますが、それでも日本は、「それ、約束に反していますよね」ということは言えるわけです。それは一定の重しになる。そういう中で、若い人たちの文化交流なんかが盛んになれば、変わってきますよ。近隣諸国は仲が悪いという例はたくさんあるけれども、ウィンウィンの関係を作ったほうがお互いにいいに決まっている。

金大中さんという大政治家の未来志向の要請に、小渕恵三さんという大政治家が応えた。日韓共同宣言はそういうことです。けれど両方に、特に韓国のほうに不肖の弟子がいた。

兼原　韓国は87年に民主化しますが、それまでは自民党と韓国の保守派はべったりの関係でした。社会党は北朝鮮の朝鮮労働党が友党でした。それが北朝鮮がおかしくなり、韓国が民主化して、すごいエネルギーを持った韓国の民主党（革新系）が新たに出てきた。ここに日本の社会党が食い付いて、一部の人たちが歴史問題の資料をたくさん渡した。こうして歴史問題は日本から韓国に飛び火した。慰安婦、「徴用工」（旧朝鮮半島出身労働者）、旭日旗なども同じ構図です。韓国左翼からすると、歴史問題を利用すれば反日愛国主義を煽って政治的エネルギーを吸収できるし、日本に微温的態度を取る保守派を攻撃できる。一石二鳥です。日本左派と韓国左派が協働する姿が見えないと日韓間の歴史問題の本当の姿は見えません。

朴正熙大統領や全斗煥大統領の独裁時代は冷戦時代で、日本から支援を受けていましたから、反日が一定程度抑えられていました。しかし、民主化後、改めて反日のエネルギーが噴き出した。それが左翼勢力に煽られてさらに高まる。韓国の政治家もそれに呼応して歴史問題のゴールポストをどんどん遠くに動かしていく。その繰り返しでした。保守派の李明博大統領や今の尹錫悦大統領は違いましたが、金大中政権以外の左派政権は、盧武鉉大統領もそうですが、特に文在寅大統領がひどかった。日本世論もそのことに気付いてきて反発し始めたので、今度は日本側で韓国との歴史問題交渉にブレーキがかかるようになった。

ところが同じ左派の大統領でも金大中さんだけは違ったんです。独裁政権に弾圧された左派から出てきた金大中さんは、だからこそ自分には日本との真の和解を実現する役割がある、と考えておられた。日韓関係の重要性を訴えた金大中さんの日本での国会演説はものすごく評判が良かった。私も聞いていて感動しました。当時は、ワールドカップの日韓共催を決定したりしました。小渕・金大中時代は、戦後、最高の日韓黄金時代でした。

細谷　金大中大統領の回顧録の中で印象的だったのが、対日政策のところです。自分がなぜ対日文化開放を決めたかと言うと、一つは自信があるからだと。日本文化を開放したらみんな日本の文化に韓国が圧倒されると言うけれど、そんなことはない。韓国の文化は立派だから、日本の文化を開放したって全く心配ないと言い切っています。多くの人たちは、韓国の文化は日本よりも劣っていると思っていたけれども、金大中だけはそうは思わなかった。

もう一つは、いずれ南北統一するためには、4大国すべての支持を得ないといけないと考えていた。アメリカとロシアと日本と中国です。南北統一するためには、必ず日本との良好な関係が必要になる。愛国心があるからこそ、日本との接近をした。逆に言うと、その後の不肖の弟子たちは愛国心がないからこそマスコミと遊び、日韓関係を壊しちゃったのかもしれないですね。

兼原　今の30代以下の若い韓国人は全然違ってきていますよ。彼らはグローバルコリアと言い始めて、もう大国になったんだから、堂々と大国らしい責任ある外交をしたいと思い始めている。反日で暴れる韓国左翼は格好悪いというイメージを持っている。自分たちもG7に入りたい、日本みたいになりたい、反日はもういいじゃないかと思っている。この人たちは全然違いますよ。世代交代すれば、日韓関係ももう少し落ち着くと思います。

インドの核実験、G4、TICAD

兼原　99年に能登沖で北朝鮮の不審船事件が発生します。不審船事件は2回あって、2回目（2001年）には奄美沖で不審船を自沈させていますが、この時は逃げられてしまった。

高村　あの時は追いつける速い船がまだなかったんですよ。あの時、小渕さんが戦後初めての海上警備行動をかけています。防衛庁長官が野呂田芳成さんでしたが、私は直接関係していません。

兼原　インドの核実験もありました（98年5月）。

高村　この頃ASEANの会議でインドの外務大臣と会って、日本は受け入れられない、核実験はやめてくれと言ったら、核実験に成功してインドの民衆は街角に出ておどりくるって喜んでいる、国民が喜ぶことをやるのが民主主義ではないか、と反論されました。

兼原　この時、私は国連代表部にいましたが、日本政府が戦後初めて、安保理で決議案を書いて出したんですよ。日本は被爆国なので、かなりきつめの内容でしたがそのまま通ってしまい、インドはかんかんになって怒った。その前にインドと日本が安保理の非常任理事国ポストを選挙で争っていて、142対40で日本が圧勝していた。非同盟の雄を自認していたインドはものすごく傷ついて、さらに核実験で日本が安保理決議案まで出したので、その後しばらく日印関係がぎくしゃくしました。

細谷　その後、安保理常任理事国入りを目指してG4（日本、ドイツ、インド、ブラジル）では提携しましたが。

高村　ドイツはそんなに熱心じゃなかったけれど、ドイツの外務大臣が日本の外務大臣に「常任理事国になりたい」という意思表示をしたのは、私に言ったのが初めてじゃないかな。社会民主党主導のシュレーダー連立政権で、外務大臣は緑の党のフィッシャー。

当時はコソボ空爆だとか何だとかいろいろな問題があって、その時に日本とドイツが一番努力をしたにもかかわらず、それを国連の中でやるとなったら安保理の席に日本もドイツもいない、こんなおかしいことはないと言っていました。

細谷　彼はなかなか骨があって、元々は左翼の闘士でしたが、外務大臣になってから現実主義路線に転換して、今なんか相当中道的です。緑の党は左派政党ですけれど、今のベアボック外相もそうですが、やっぱり人権とか理念にこだわり、使命感を持っているんですよね。そこの部分は意外と現実主義なのかもしれません。

兼原　90年代には、ＴＩＣＡＤ（アフリカ開発会議）も始まっていますよね。

高村　ＴＩＣＡＤは93年に始まった。日本は戦後復興でアメリカから金を借り、世界銀行から金を借り、それで経済基盤を整えて高度成長した。その日本の成功体験をアジアにということで、まずアジアを中心に経済協力した。それは明らかに成功しました。そのアジアの成功体験を今度はアフリカにということで、93年に当時外務省の事務次官だった小和田恆さんが始めたのがＴＩＣＡＤです。

うまくいかなかったと言う人もいるけれど、それなりにうまくいったんですよ。アフリカに対する影響力はそれなりにある。確かにアジアほどはうまくいかなかったけれども。私は外務大臣として98年と2008年の2回やっているんですよ。

兼原　小和田さんは天才肌なので、20年ぐらい先が見えていました。TICADと東欧支援を始めたのは小和田さんです。東欧は先進国だからODAが出せなかったのですが、共産圏崩壊に伴う民主化を支援するということで小和田さんは突っ込んでいった。西欧や米国よりも早く動いたと思います。当時の支援は、東欧諸国から未だに深く感謝されています。

アフリカは、当時、まだ日本外交の水平線上に上がってきていませんでした。未だ独立して半世紀程度の国ばかりでしたから、小和田さんは、今、誰かが真剣に支援してアフリカの発展を助けないと、混乱と停滞が続いてまた暗黒大陸に戻ってしまう、だから日本が率先してTICADをやるのだとおっしゃっていました。50人近い全アフリカの元首を一堂に東京に集めるというのは、当時としては壮大なアイデアでした。今では中国も韓国も真似をしていますが。

高村　私が政務次官から大臣になった時、国連大使を務めていた小和田さんが歓迎会をやってくれて、私を「日本のトラブルシューター」と皆に紹介してくれたことがあります。

周辺事態法

竹中　周辺事態法（99年5月公布）は、それまでの北海道から朝鮮半島に戦略的重点を移して、米軍への後方支援ということが出てきたわけですけれども、この転換について印象に残っていることはどのようなものがありますか。

細谷　あの時、高村大臣が国会答弁を一人で切り盛りされ、「スーパー政府委員」とも言われましたよね。

高村　法案を作った時には、私は関与していません。橋本内閣の時に日米ガイドラインをやって、周辺事態法はその延長上にありました。私が関与したら、周辺事態なんていう地理的概念みたいに誤解される言葉は使わなかったでしょう。もう誤解してくださいというみたいなものですから。周辺って何かといったら、日本でないところを周辺と言う、と。地理的概念ではないと言いながら、周辺って言葉は地理的概念でしょう。私が関与していたら、最初から重要影響事態法（注 周辺事態法は、平和安全法制施行によりこの名称に改称）を作っていますよ。

兼原　第二次安倍政権で周辺事態法を重要影響事態法に名称変更した時、高村大臣が昔言われたことを思い出していました。高村大臣は「周辺事態って何だって言われたら、日本に重大な影響がある事態です。距離や場所は関係ない」と言われていました。その例として「チリで大きな地震があっても津波が来るでしょ。日本に津波が届いたら、チリは周辺事態法の『周辺』なんです」と言って笑っておられました。とてもわかり易い比喩で、私も、日本に対する重大な影響のある外国有事こそが、日本が自衛隊を後方支援に出動させて支援するべき事態なのだと得心しました。それで平和安全法制制定時に、周辺事態法を重要影響が日本に及ぶ事態に関する法律、即ち重要影響事態法に名前を変えたんです。

高村　後に平和安全法制を作る時、ＮＨＫの討論番組で、周辺という言葉の中にインド洋やホルムズ海峡は想定されないと小渕さんが言ったが、想定されないと言っただけで実際に重要影響事態が起これば法律は適用されると言ったら、共産党の小池晃さんがものすごく怒っていました。国会論議の意味がないじゃないか、と。彼らの立場からすれば怒るのはわかるけれど、安全保障の問題で立法事実があるかないかなんて議論するのは、立法事実という言葉を初めて覚えて嬉しがっている人くらいで、ナンセンスです。

立法事実というのは、要するに予算等の優先順位をつけるために、そういうことが起こる蓋然性が高いものからつけていくというので、一般内政ではその通りです。でも外交では、まさに一国が滅びるかどうかの問題が起こった場合に備えて、それを適用できるようにしておかなきゃしょうがない。立法事実なんて話じゃないんですよ。

兼原　立法事実は、内閣法制局でよく聞く言葉です。安全保障関連法制では、戦争が起きないように法律を作っているのに、戦争が起きていないから立法事実がないというのは、本末転倒で本当に無意味な議論です。

竹中　高村さんが外務大臣に就任された時、周辺事態法案は既に閣議決定され、国会に提出されていました。外務官僚が、こういう法案が継続審議になっていますと説明しに来たのですか。

高村　持ってこないし、法案なんか全部読む気はない。国会で何か説明する必要が生じた時だけ、「これを説明してください」といって持ってきます。役人は私より正確な答弁をするけれど、わかりにくい。私はそういうのがわからない人に通訳してあげていただけです。

細谷　安保法制の時、テレビとかいろいろなところでしゃべるので、時々防衛省の方が説明に来ていました。「こういう言葉は使わないでください」というリストがいっぱいありました。それでは何も説明できない。安保法制が必要だって世論を説得しないといけないんですよ、と言うと、それでも使わないでください、と。

要するに、説得することよりも彼らの精緻な論理から外れないことを要求してくるわけです。官僚の人たちは、たとえ世論を説得し、選挙で勝てなくても困らない。政治家は、高村先生もそうですが、やっぱり選挙区の有権者にもわかってもらわないといけない。

第二次安倍政権の時、国会答弁はもう嫌だと言って閣僚ポストを断られたそうですね。

高村　安倍さんから直接提示されたことはないんですが、麻生さんが副総裁室にいた私のところに来て、おまえが外務大臣やって、俺が財務大臣やって、二人で安倍を支えようって言ったから、嫌だよ、もう国会答弁は飽きた、と。

だけど本当の理由は、外務大臣をやっちゃったら集団的自衛権の一部容認に関与できないなと思ったからです。安倍内閣はそれをやるに決まってましたから。やるとなったら私がやるのが誰よりも最適だろうし、党にいた方が自由に動きやすい。だけど安倍さんから直接頼まれてもいないのに、自分から副総裁のままでいさせてくれなんて言えない。だから国会答弁は飽きたって言っていたわけです。

それから消極的な理由は、私は英語でこんにちはも言えない人なんですが、本当に大事にしていた通訳が死んじゃったんですよ、リンガバンク社長の横田（謙）さん。彼が死んじゃったって聞いて、もう俺は外務大臣できないなと思った。

細谷　集団的自衛権の一部容認をやるとなったら、ご自身がそれを担わなくちゃいけないという自負がおありだった。

高村　それはもう完璧にありましたよね。

竹中　周辺事態法の適用範囲として、台湾を外せという圧力はありませんでしたか。例えば、野党から。

高村　私に対して仕掛けてきたのは、野党じゃなくて外務省の中の役人です。有力局長が二人で説得に来ました。台湾は含まれないということを言ってくれ、と。

しかし、これは変な話です。周辺は地理的概念じゃないと言っているのに、台湾は含まれるも含まれないもない。インド洋やホルムズ海峡は想定できないと小渕総理が答弁したみたいに、いろいろな協定があるから台湾はあんまり想定できませんねということはあり得ても、含まれないと言い切ってしまったら実際に何か起こったら適用できなくなってしまう。周辺が地理的概念じゃない以上、この地域は含まれるとか含まれないとかはあり得ない話です。

川島　60年安保の時の極東条項をめぐる議論では、金門、馬祖を含め台湾海峡は地理的には含まれるという話はあったわけですよね。

高村　「極東」というのはそもそも地理的概念そのものです。

兼原　周辺事態から台湾を外すというのは、おそらく中国の意を体して、野党が言っていたことです。そんなことをすれば吉田、岸が血のにじむ思いをして作った日米安保体制の根幹を揺るがすことになる。安保条約第6条に米軍は極東の平和と安全のために日本の基地を使用できると書いてあります。「極東」とは、日本から見れば日本周辺の緩衝地帯で、米軍が日本の基地を使って守る日本の周辺範囲のことです。具体的には、戦後日本から切り離された韓国、台湾と、米国から独立したフィリピンです。日本政府は、何度もはっきりそう言っている。台湾は、戦後直後から、米国の防衛圏に入っています。米中国交正常化以降、米国政府は台湾防衛については明確には言わないようになっていますが、米議会が作った台湾関係法で台湾防衛に関して定められており、台湾が西側の勢力圏内にあるという米国の認識は変わっていません。

当時、「台湾が周辺事態でない」なんて国会で言っていたら、台湾有事がリアルになってきた今日、日米安保体制が機能しなくなっていたはずです。

川島　小渕政権では、まだ対中ＯＤＡを続けていますよね。小泉政権で大きく雰囲気が変わるわけですけど、小渕政権の時にはまだ対中ＯＤＡはやれる範囲でやろうという感じだったのでしょうか。

高村　その時はまだそんな議論があんまり出ていなかったですね。小泉政権の２００２年、自民党の対外経済協力特別委員長になった時には、打ち切り論が強くなっていました。実はこのポストの前任は鈴木宗男さんでしたが、田中真紀子さんと宗男さんの戦いの余波で鈴木宗男さんが辞めていた。それで麻生政調会長から依頼されて私が引き受けたんです。

私は、「我が国は東京オリンピック、大阪万博をやって国際社会からの援助を卒業した。中国も２００８年に北京五輪、２０１０年に上海万博を開く。その頃、国際社会の援助を卒業できるのではないか」と言って、段階的に終了していく道筋をつけました。

川島　小渕政権の時は、大平学校（北京日本学研究センター）の拡充のODAをつけました。私はそのプロジェクトに相当に関わりました。対中ODA、特に円借款と無償（資金協力）は小泉政権の時に終了する方向が決まって、実際になくなるのは2008年ですね。

兼原　あの時は日中関係がまだ良かった。靖国参拝を辞さなかった小泉首相時代に悪化した日中関係を、第一次安倍政権の「戦略的互恵関係」で戻した。今も使われている戦略的互恵関係は、第一次安倍政権が使い始めた言葉です。

川島　そうです。それで2008年に戦略的互恵関係をめぐる日中共同声明ができます。四つの基本文書の最後の文書ですね。2008年は日中首脳会談が一番行われた年で、多国間会議の場も含めれば十何回かやっています。

細谷　小渕政権と福田政権、日中関係が一番いい時の両方とも高村さんが外務大臣なんですよね。それは偶然ではなくて、高村さんが日米同盟を全く傷つけずに日中関係を改善してみせたからでしょう。安倍政権もそうだと思いますが。

兼原　日中関係と日米関係って対立項じゃないんですよ。中国とうまくやろうと思ったら、日米を強固にするしかない。安倍さんがよくこう言っていました。中国はマウントを取りに来るから困る、と。安倍さんは、中国と対等な立場で仲良くすることにはこだわりがない。ところが、中国は、すぐに日本は朝貢国だと言わんばかりの態度を取りたがる。それを一度でも認めたらおしまいです。中国は、相手が強いと敬意を払いますが、相手が弱いと足蹴にしてくる。まさに、孫子の言う通り、相手が虚なら突いてくる。しかし、日本一国では、最早、中国と対等な関係には持ち込めない。だから対等になるためには、アメリカやヨーロッパ、豪州、インドやＡＳＥＡＮと握るしかない、と。それが安倍さんの対中外交だったと思っています。

細谷　民主党政権の２０１０年９月、漁船衝突事件が起こって、横浜ＡＰＥＣサミットがあるからと大慌てで船長を釈放して帰しました。結局はそれによって、日本に対しては圧力をかければ言うことに応じると、中国のモードが変わった感じがします。

第5章　森内閣から小泉内閣へ

竹中　小渕さんが在任中に突然、倒れられて、森内閣が誕生します。いわゆる「密室の5人組」による赤坂プリンスホテルでの会談で、村上正邦参議院議員会長が「ここにいる森さんでいいじゃないか」と言ったことも大きく影響し、当時の幹事長だった森喜朗さんが後継総裁に選ばれました。この経緯については、どういうご感想をお持ちになられましたか。

高村　出発点は誰かの頭の中、そこで生まれた考えが何人かの密室での会談で共有されて決定されたわけですが、その後の手続きさえよければ問題はない、と私は思いました。森さんを選出した手続きは、自民党の党則に基づいてやっているのだから一つも悪くないです。だからあの5人組が悪いなんて、私は毛頭思わない。村上正邦さんは好きじゃないけど（笑）、密室での言い出しっぺが好きか嫌いかで、「正当な手続きで選出された」という私の結論は変わりません。

派閥の会長に就任

細谷　この頃、派閥の会長になられたと思いますが、これはいつからですか。

高村　森政権ができた後で、改造内閣で法務大臣になる前です。私が会長になったのには、ちょっと前段があります。河本先生が病床に臥して、その後、谷川和穂さんが代表世話人の集団指導体制でした。それで、私が外務大臣をやっていた時に、自分で言うのもおかしいけれど割と評判が良かったので、江渡聡徳さんが私のところに来て、「高村さんが会長になってくれ。うちの大島（理森）が事務総長をやる。大島にもそう言っている」と言うんですよ。

江渡聡徳さんというのは、小選挙区制になってから大島さんが作った国会議員なんです。大島さんにそんなことを言っていじめられないのかと聞いたら、本人にはいじめられませんが秘書にはいじめられています、なんて言っていました。江渡さんというのは偉いやつで、そういうことを陰ではなく表で言うんですよ。

そういうことが前段階としてあって、ある時、議員会館で隣の隣の部屋にいた臼井日出男さんから、「大島さんが来ているんだけど、ちょっと来ない？」という連絡が入りました。臼井さんは元防衛庁長官で中央大学の剣道部出身、私は少林寺拳法部で、年齢は彼の方が3年くらい先輩ですが、国会は同期でした。

臼井さんの部屋に行ったら大島さんから、「代表世話人制度をやめて臼井さんか高村さんのどちらかに会長になってもらったほうがいい」と話があった。そうしたら臼井さんが、「高村、おまえやれよ」と言いました。私が行く前に大島さんと臼井さんの間で話ができていたのかもしれません。

私はそういう時たいていは断るのですが、二人が協力してくれるならやってもいいよとすんなり受けた。それで私が会長で、臼井さんが事務総長になった。普通の派閥では総会と言いますが、うちの派閥では1週間に1回の会合を例会と言っていて、会長になった最初の例会で記者さんたちに私がトップをやることになると臼井さんが紹介してくれました。私は、「河本先生は病床に臥しておられるがまだご健在なので、当分は河本派と呼ばれることを期待したい」と言いました。その1年後ぐらいに河本先生が亡くなられてから、高村派と呼ばれるようになりましたが。

細谷　森総理以降、小泉総理、安倍総理、福田総理と清和会系の政権がずっと続き、その間に森派が勢力を拡張していきました。90年代は橋本政権、小渕政権と平成研の勢力が大きかったと思いますが、第二次安倍政権まで結局最大派閥になります。このあたりの流れの変化には、何か感じるところはありましたか。

高村　小泉純一郎さんの絶対的な人気と森さんの派閥的能力、その両方が合わさった結果じゃないですかね。私はそんなに面倒を見られたことはないけれど、森さんは面倒見がいいんじゃないですか。彼は早稲田でラグビー部にほんのちょっといたかもしれないけれど、あとは雄弁会ですよね。森さんと参院幹事長だった青木幹雄さんとの関係は、政界で言えば総理経験者の森さんの方が1ランク上だけれど、雄弁会の関係では兄貴分は青木さんになる。この雄弁会の結束は意外と強くて、青木さんと小渕さんの関係も非常に強かった。だから小渕優子さんに対する青木さんの思いは強かったけれども、特に衆議院の平成研の他の人たちに対する思いはそんなに強くなかったと思います。自分が参議院全体をまとめて、雄弁会の後輩の森さんのもとにいる小泉さんは助けてやろうという感じです。

竹中　これはちょっとピント外れかもしれないですが、自由民主党には旧日本民主党系の派閥と旧自由党系の派閥があり、清和会は日本民主党系、平成研は自由党系なわけですが、いまの議員はそういうことを意識されているのでしょうか。

高村　私ですらそういう意識は全くないですから、今の若い議員たちは全くないでしょうね。

竹中　内政で大きな出来事としては、2000年11月に森政権打倒を目指した「加藤の乱」がありましたね。

高村　私は、個人的には加藤さんと親しかった。一方で森さんは煙たい人だった。しかし、加藤の乱については、私はこう言いました。ボールを持った人がよたよた走っていて、今にも相手にタックルされそうになった時、ボールをこっちに回せというのはいいけれど、ボールを回さないからといって味方が味方にタックルしちゃだめだろ、と。

竹中　おっしゃる通り、反則ですよね。これは小選挙区制度の話と関係していますが、当時の野中幹事長は公認権を使って加藤派を切り崩していきます。野中幹事長は、もし内閣不信任案が通ったらただちに衆議院を解散して、不信任案に賛成した議員は自民党から除名して対抗馬を立てるということを考えていました。こうした対応をどうご覧になっていましたか。

高村　その経緯は私はあんまり知りません。小泉さんが実際にそれをやったことは知っていますが。

細谷　森内閣時代は法務大臣として、司法制度改革に取り組まれましたよね。

高村　当時の大きなテーマは法曹養成のシステムを変えることでしたが、これは成功とは言えなかった。ロースクールがたくさん出来て、その後にたくさん潰れた。司法試験の良いところは、金がなくても時間がなくても試験にさえ受かればいい、という公平性です。ロースクールに通わなければ試験を受けられない仕組みはまずいので、予備試験という大学院にいかなくても司法試験を受けられるルートを残しました。

司法制度改革に際して当時言われていたのは、「事前規制から事後チェックへ」。これは基本的にいいことだと思います。でも、そう言っているマスコミが、役所が事前規制しないでおかしなことが起こったら真っ先に叩く。だから、事後チェックで直しても大丈夫なことと、大丈夫じゃないことがあるわけです。例えば、建築基準法なんかもあんまり事前規制を厳しくしないで不正を見つけたら事後に直せばいい、と変えたとして、仮に建物が潰れて人が死んだりしたら、タダでは済まされない。市場原理による事後チェックで市場から排除されてその会社は倒産するんだからそれでいいと言ったところで、人が死んだら役所が責められるに決まっています。事前規制から事後チェックということを一番言いたがるのはマスコミだけど、それは後で役所を責める案件が増えるという点で、マスコミにとっては二度おいしい、いいことずくめ。だから何なら耐えられるのか、耐えられないかをよく見極めないといけない。命の問題は、取り返しがつかないですから。

弁護士の数を増やそうというのは間違いなくいいことだった。けれど、それまで年500人程度だった司法試験の合格者を3000人にするという案は、明らかにやりすぎだと思いました。せっかく国費を使って養成した弁護士が、仕事がなくてタクシーの運転手をすることになったとして、それは市場原理の自己責任の結果だということで本当にいいのか。医者でも同じですけどね。そこら辺のさじ加減はなかなか難しいものがあります。

対ロ外交が動かない理由

兼原　この頃はロシア外交にもいろいろと動きがあった時期なので、すこしコメントしておきます。小渕内閣の時に、私も同行したんですが、小渕さんはモスクワに行かれてエリツィン大統領に大歓待を受け、後を受けた森総理も対ロ関係をなんとか動かそうとしました。

森総理、それと対ロ関係を動かそうとした安倍総理の時にも、2島先行返還をうたった56年の日ソ共同宣言の再確認をやっていますが、ここには外務省と外部勢力の戦いがずっとありました。56年にフルシチョフからの要請を受けて鳩山一郎が訪ソしたら、歯舞、色丹の2島は返してやると言われる。公職パージを受けて反米だった鳩山さんに、東西冷戦の「雪解け」を演出していたフルシチョフは、「こっち側（東側）に来い」と囁いたのでしょう。当時はまだ、日本が独立して数年後で、高度経済成長前、国民皆保険実施前です。社会格差を反映して、国内のイデオロギー対立も熾烈だったころです。鳩山政権下で日本の戦略的方向性は未だ不透明だった。

これに出来たばかりの自由民主党の幹事長だった岸さんが反対した。ダレス国務長官から、鳩山内閣で外相を務めた重光葵に対して、「4島返還で頑張れ。下手にソ連と妥協したら、アメリカも沖縄を返さないかもしれないぞ」と恫喝がかかる。鳩山さんがソ連に行った時、驚いたことに岸さんから訓令が出ていて、歯舞、色丹の2島返還で折れちゃいかんと言われるわけです。それで日ソ共同宣言9項では、歯舞、色丹を日本に引き渡すことに同意する、ただし現実の引き渡しは平和条約の締結後とする、と定めています。日ソ共同宣言は日本とソ連の国会が批准した、れっきとした条約です。ここで日本側は「将来、平和条約を結ぶ時に国後、択捉と一緒に歯舞、色丹を返して欲しい。4島返還じゃなきゃ平和条約は結ばない」と言って、事実上、領土交渉を先送りした。ソ連側は、「日本が歯舞、色丹の2島であきらめるなら、平和条約を結んでこの2島だけ返してやる」という立場でした。明らかな同床異夢です。

日本の4島返還の立場は、吉田茂のサンフランシスコ平和条約受諾演説に淵源があります。連合国は、日本が戦争で奪った領土を取り返すという基本方針でしたが、スターリンは、戦勝国の立場を利用して、なりふり構わず日本の領土をむさぼりました。ヤルタ会談でうまくルーズベルトをたぶらかして、日露戦争の結果譲渡された南樺太のみならず、南樺太放棄の代償としてもらった得撫（ウルップ）以北の千島列島さえも日本に取られたと言って奪い取った。さらには、国後、択捉、歯舞、色丹まで米軍不在を奇貨とし掠め取ったのです。

吉田は、スターリンの言い分は歴史的事実に反すると述べ、特に、国後、択捉、歯舞、色丹の北方四島は、一度も帝政ロシアの領土となったことのない日本固有の領土ではないかと反論したのです。吉田の言い分はもっともです。残念ながら、ヤルタ会談で、ソ連の対日参戦を求める米英両国がスターリンに丸め込まれて千島列島の対ソ割譲を呑んでしまっていたので、日本はサンフランシスコ平和条約で千島列島を泣く泣く諦めましたが、北方四島を諦める理由はありません。

但し、4島返還論には、もう一つ、戦略的な理由があります。実は、「4」という数字はアメリカに対する操《みさお》の数字なんです。「4」と言っておけば北方領土交渉はまずまとまらないし、まとまらないということは冷戦の間、日本は絶対にソ連側になびかずに西側にいる証しになる。

冷戦が終わって、アメリカの関心が変わった。日本の北方領土問題に対する興味を失ったわけです。ところが外務省は「4」から下りられない。ずっと「4」で頑張るわけですが、対ロ関係を打破しようとする総理は、4島一括返還などと言っていては何も動かないじゃないか、何か良い策はないのかとなるわけです。これをロシア側から見ると、森総理と安倍総理の時は少し柔軟に何かやる気が見えたけれど、対ロ関係に関心の薄い総理だとすぐに元の4島一括返還に戻ってしまう。だから日本がブレているように見えるのです。

ロシア人は、思ったことは何でもストレートに口にします。北方領土でロシアが譲歩すれば、何がとれるのかと素直に考える。米国あるいは中国のいずれかを念頭に置いた安全保障上の取り決めとか、大規模油田開発への兆円単位の投資といった大きな話があれば乗ってきますが、そうでなければ、なかなか乗ってきません。生の大きな利益がかかっていないとだめです。日本が得意な国際法の精緻な議論とか、連合国の領土不拡大方針への背馳《はいち》といった道義論にはあまり反応しません。ロシアはすぐに国連憲章の旧敵国条項を持ち出します。これは、ロシアは日本に勝ったのだから、敗戦国の日本は黙れ、取られた領土は諦めろと言っているのです。それで結局、ロシアの方が関心を失ってしまってなかなか交渉が動かなくなることが多い。

高村　安倍内閣の時に、ある外務省出身の偉い人が私のところに根回しに来ました。とりあえず2島論の説明でした。その時に私は、そんな根回しはするな、と言いました。日本人はバカじゃないから、対ロ関係が膠着していることはわかっている。だから、とりあえず2島論でまとまったら、もちろん反対する人はいるだろうけれど、最後は認める人が多数だ。根回しなんかしたら、途端に「けしからん」という議論が出てくるし、それはロシア側にも必ずバレる。そうなったら、とりあえず2島が落としどころじゃなくて議論の出発点になってしまい、ロシアは「ゼロでもいけるんじゃないか」と考えかねない。だからこういうのは根回ししちゃだめだ、と伝えました。

竹中　4で突っ張って、最後2で落とさなきゃいけない、と。

高村　安倍さんが最後の最後、向こうに対して、とりあえず2島を言えばいい。あとは話し合いで、とやればいいわけですよ。それは今のウクライナだって同じです。ゼレンスキーが頑張り過ぎてるなんて言う人がいるけれど、ゼレンスキーは領土の一体性をずっと言い続けるに決まっています。だけど現実にどこかで停戦するとなったら、領土の一部は諦めなくてはならないかもしれない。それはあり得るわけですが、そんなことを最初から言えるわけがありません。最後の最後だけでいい。だから私を含めて根回しなんかしなくていいんです。

日本人は、よその国民に比べて「水に流す」国民ですよね。でも、固有の領土を占拠されたままでは水に流せない。そのことと関連して、シベリア抑留だって水に流せない。それが躓きの石になって日露関係が全く発展しないのは日露双方にとってマイナスだから、日露が平和条約を結ぶことはやはり大切です。日露貿易は日中貿易の何分の一かで、日韓貿易よりもずっと少ない。しかし、ロシアにはエネルギーがあるし、こちらにも売るものがたくさんある。私が思うに、安倍さんの考えというのは今までの積み重ねじゃなくて、将来のいい状態からの逆算なんです。結果的にうまくいきませんでしたが、躓きの石がなくなったら双方共に得になるだろうというところから発想していけば、安倍さんのやろうとしていたことを理解できるんじゃないですか。

ただ、戦争で分捕った島を返すとなると、ロシアにとっても相当なことです。彼らは戦争で2000万人の国民を失った。日本にとってソ連の満洲侵攻は裏切りそのものですが、彼らは長く続いた独ソ戦の延長上にある輝かしい勝利だと考えている。昔、ラブロフ外相が、俺たちは2000万人の国民を失って戦争に勝ったんだ、なんて私に言うから、「それで、日本との戦いではどれだけ死んだのか」と聞き返したら、何も答えませんでしたが。

実は私、日中だけでなく日露友好議員連盟の会長もやっていたんですよ。もともと日露議連の会長は森さんで、私が会長代行だったんですが、何のお手伝いもしていなかった。その後、西村康稔さんと立憲の白眞勲さんが、私に会長を引き継いでくれって頼みに来た。私は今でも日露関係の実力者である森さんの覚えもめでたくないし、日中議連の会長もやっているから他の人にやってもらってくれと言ったんですよ。最大の間違いをしたのは、それでもあんまり頼まれるので、最後に「森さんから直接頼まれでもすりゃ別だけど」って言っちゃったことです。早速森さんから電話がかかってきて、そうなると断れない。それでやったけれど、引退した後は逢沢一郎さんにお願いしました。

兼原　森政権ではえひめ丸事故（2001年2月）がありましたが、あまり印象に残っていないですか？　愛媛県の県立高校の練習船が、海中から浮上してきたアメリカの原子力潜水艦と接触して死者9名が出た事故です。

高村　事故当時は森内閣の法務大臣でしたが、報道のされ方は酷いなと思いました。事故の報告を受けた時、森総理はゴルフをしていて、そのままゴルフ場に留まっていたことが批判された。でも、森さんがゴルフをしていた時の映像なんてないのに、別の機会に撮られた資料映像のゴルフのシーンを流して反森内閣の世論を煽ったんですね。結局、森さんは総理辞任に追い込まれてしまった。気の毒でしたね。

2001年の総裁選

竹中　そして自民党総裁選になります。この時に森さんは、「総裁選を前倒しにする」という言い方で事実上、退陣を表明されて、4月に総裁選が行われます。

この時は一部の清和会系の人たち、それから山崎拓さんなども明らかに小泉さんを支援することを意識して、党員投票すべきだと強く主張しました。任期途中なので普通は党員が投票する権利はありませんが、予備選挙という形で県連ごとに県連所属の党員が事前投票をします。その意味で異例の選挙でした。

あの時は田中真紀子さんが小泉さん支持に回って、二人でいろんなところに遊説に行くと大ブームになった。他に平成研から橋本さん、あと麻生さんと亀井静香さんも出られていますが、高村派としてはどのような対処方針で臨まれたのですか。

高村　最初は橋本さん支持でした。だけど党員投票で小泉さんが圧勝したでしょ。その後に橋本さんから議員投票のお願いの電話がかかってきたけど、党員投票でこれだけ差がついたら無理じゃないでしょうか、と率直に申し上げました。橋本さんもそれ以上、そこを何とか、とは言わなかった。

竹中　平成研から橋本さんが出てきたことはどう感じられましたか。

高村　特別に何も感じません。閣僚経験者なのに橋本内閣で政務次官になり、見方によっては格下げ人事とも言えますが、私にとっては一番楽しい時代でしたからね。橋本さんを応援することで派内を一応まとめていました。

竹中　小泉さんが勝たれたわけですけれども、それについてはどのようなご感想をお持ちになられましたか。

高村　危なっかしいなと思ったのは、途中でちょっと報道されたことですが、小泉さんが当選したら靖国神社に参拝すると言ったことです。参拝すれば遺族会と軍人恩給の票は全部取れますということを、私と非常に仲の良かった尾身（幸次）さんが言って、それに対して私とあまり仲の良くなかった中川秀直さんが異を唱えたけれど、小泉さんは行くという判断をした。

個人的には、中川さんが言ったことは正しかったと思う。だけど現実には、靖国神社に行かないことが中国に気兼ねしている証しだという雰囲気が日本中に、特に自民党支持者の中にあったので、自民党の中では遺族会軍恩に留まらない全体票の動きに作用した。それで圧勝した。

私は、それは決していいことではない、と思っていました。正式に結ばれた協定でも何でもないけれども、日中間の暗黙の了解がある中で（第2章参照）、総理自身が行くというのはその暗黙の了解を破ることになりますから。

細谷 小泉さんの印象に残ったエピソード、いろいろありますよね。高村さんは少し距離を置いて見てらっしゃったと思いますが。

高村 小選挙区制というのは、独裁者を作るシステムですからね、だから政治改革の時、その独裁者には小沢さんがなるとみんな思っていたから、小泉さんは反対して小沢さんが賛成した。歴史の皮肉で小泉さんが独裁者になって、小沢さんがそうならなくなった。政治改革という一種の集団ヒステリーによって変えられた選挙制度の利点を十全に利用したのが小泉さんでしょう。

細谷 最近、いろんな政治学者がこの時代を書いています。改革の時代には、多分改革することが自己目的化していて、それに抵抗する人たちが悪であるかのような、そういう独特な空気があった。そのピークが小泉政権でした。

一番の焦点になったのは郵政民営化ですが、高村さんはどう見ていましたか。

高村 郵政民営化なんてどうでもいい。あれ、改革と言えますか。

私も政治家だから、選挙の時に改革という言葉を使ったほうが得だという意識はありますが、改革自体は別に悪でも善でもない。改善もあれば改悪もある。当たり前の話です。

竹中　小泉さんは閣僚人事でも派閥推薦を受け付けず、全部自分でお決めになります。青木さんの参議院枠二つは別だったらしいですが。派閥の会長でいらした先生は、その人事方法を当時はどう受け止められましたか。

高村　それはもう独裁者がそうやるんだったらしょうがないか、と。

イラク戦争の支持演説

高村　小泉内閣でイラク戦争が起こった時、私は国会で賛成演説をしているんですよ。その時は、サダム・フセインが核開発しているぞ、なんてことは一言も言わない。アメリカはなんでそんなバカなことを言うんだろうと思っていたくらいでしたから。

私が引用したのは湾岸戦争の国連による停戦決議です。停戦決議では、サダム・フセインが自分の持っている大量破壊兵器を全て申告するとしている。その上でＶＸガスだとかサリンとか、その他もろもろの大量破壊兵器を全部廃棄するという約束をしているわけですよ。

ところがそういうものをなくしたのかなくしていないのか、全く言わない。サダム・フセインは、むしろあるほうが抑止力になると思ったんでしょう。停戦の条件に反したので、それによって前の湾岸戦争の決議が復活し、有志連合がまたできるという論理構成で話しました。

パウエル国務長官は、イラクの核兵器開発に関するニセ情報に踊らされたことを生涯最大の汚点だと言っていますが、私の論理構成ならそういう問題は関係がない。ＣＩＡだか何だか知らないけれど、アメリカはイラク出身の不良外人に騙された。

細谷　亡命イラク人のアフマド・チャラビなどが活躍して、ワシントンD.C.で国防総省に自分を売り込んでいた。ドイツのインテリジェンス機関も、コードネーム「カーブボール」のイラク人にガセネタを摑まされました。

高村　日本の外務省はそんなものを全く持っていなかったし、国連にもなかった。だから我々にとって大量破壊兵器というのは、サダム・フセインが停戦の時に申告して、これを全部廃棄しますと約束した大量破壊兵器なんですよ。その約束を履行しないから停戦がなくなり、湾岸戦争の有志連合が行った国連決議に戻る。そのロジックは、私が作ったといっても間違いでない気はしますが、外務省の国際法局は自分たちが高村に教えたんだと言うかもしれないですね。いずれにせよ、私はパウエルさんと違って、心に一点の曇りもないです。

その後に、イラク戦争に反対したドイツの議員団が日本に来た。日本は支援しているんですねと言うから、「ソ連の核ミサイルがドイツを狙っている時、あなたはアメリカがやる戦争に反対できますか」と言ったら、彼らは一様に納得していました。私がブッシュさんだったらこの戦争はやらなかったけれど、私が小泉さんでも支持せざるを得なかった。そういう制約の中で、私が出した論理は間違っていないし、不良外人に騙されるようなことにもならなかった。

兼原　２００１年に９・11米国同時多発テロ事件がありましたよね。数千人が犠牲になった。アルカイダ討伐でアフガニスタンにＮＡＴＯ軍がなだれ込んだ時は、世界中が米国についていったんですが、2003年に返す刀でブッシュ大統領がイラクに攻め込んで行った時は、ヨーロッパの中が割れました。シラク仏大統領とシュレーダー独首相は、完全に逆を向いた。アメリカに逆らったシラクはこの時、国民支持率が90％以上です。この時に米国についていくと言ったのが、イギリスのブレアさんと日本の小泉さんです。日本は、陸上自衛隊を出して戦争が終わった後の復興人道支援で協力しました。

アメリカは、ブッシュ大統領がイラクに攻め込むと決めましたが、国連で開戦理由を説明させられたパウエル国務長官は高村大臣のような法律論ではないので、「インテリジェンスを出せ」という話になるわけです。インテリジェンスといっても、スモーキング・ガンのような明確な証拠というより盗聴とか何らかのダークな手段で入手した関連情報の合わせ技なので、どうしても不確かな部分が残る。インテル情報とはそういうものです。化学兵器があるに違いないじゃないかと思っていったらなかったので大恥をかいた。それでパウエルは恨んでいるんだと思います。

細谷　あれはイギリス政府の要望が由来でした。アメリカは国際法の明確な根拠がなくても多分イラクを攻めるつもりだったと思いますが、イギリスには国際法上違法な軍事行動は起こせないという伝統がある。もしイギリスに高村大臣がいらっしゃれば、今の論理でいけたと思いますし、98年にイラクを空爆した「砂漠の狐」作戦の時はそれでやったんですが、イラク戦争の時にはそれでは戦争反対のデモなどを抑えきれないと思って、ブレア政権はスピンドクターを使って大量破壊兵器が開発されていることにしてしまった。

アレスター・キャンベルというタブロイド紙出身の有名な広報官が部下に探させまくって、イラクが大量破壊兵器を45分で配備可能らしいとするどこかの学生の学位論文を見つけた。それを何の留保もつけないで上に上げて、ブレアがそれを使ってしまった。

イギリスは国内法で、国際法上の明確な根拠がないと軍事行動を起こせない、としています。軍事行動を起こすためには大量破壊兵器がいる。私が見ている限りでは、日本もイギリスにくっ付いていた。だからある意味では、日英が共同で国際法上合法な軍事行動という飾りをつけようとしたわけです。その時のロジックは多分、今の高村さんのものが本筋だと思いますが、イラク戦争の時のイギリスはもうちょっと国民を説得できるような事実が欲しいと欲張って、危ういところに入り込んでしまった。

高村　小泉さんは国会で、イラクは核開発してなかったじゃないかと問われて、サダム・フセインが見つからないからといってサダム・フセインがいなかったということにはならない、みたいな答弁をして、核はあったかもしれないと匂わすようなことをやっていた。危うい議論だなと思ってみていました。

細谷　お話をお聞きしていると、小泉さんのロジックはしばしば飛躍することがあったという印象です。たとえば自衛隊が行ったところが「非戦闘地域」である、というような。でも、それに国民が喝采しました。

小泉絶頂期の2003年の総裁選に出馬した理由

細谷　それに対して高村さんは、非常に緻密な法律論を組み立てる。国会とか政治に対する姿勢がまったく違います。先ほど「独裁者」とおっしゃいましたが、小泉さんの政権運営はやっぱり違和感を持って見てらっしゃったんですか。

高村　私が2003年の総裁選に出た後の話ですが、六人会という会があったんですよ。これは細川政権ができた時に作った会です。人がどんどん自民党から出ていっちゃうから、求心力を作るための会をやろうじゃないかといって作った。私と谷垣（禎一）さんと町村さんと甘利（明）さん、それから岐阜の藤井孝男さん、参議院で宮崎から出ていた上杉光弘さんの6人です。その会で小泉さんを呼んで飯食おうじゃないかということになって、総理を呼んだことがあります。会食の最中に小泉さんが「日本の歴史上で独裁者っていったら誰かな」と言ったので、私がすかさず「それは織田信長か小泉総理でしょ」と返したら、小泉さんは「俺は人を殺してない」と憤然としていました。甘利さんや町村さんがとりなして、甘利さんは「高村さんは小泉総理に弓を引いたけれども、イラク戦争を止めるために高村さんをエジプトやサウジアラビアに特使として派遣するところなど、やっぱり心が寛いですね」なんて言っていました。本当は私、「独裁者と言っただけで暴君とは言っていない」と言おうかとも思ったけど、せっかく皆がとりなしてくれているのに、火に油を注ぐことになっちゃうからやめました。

竹中　「弓を引いた」お話をぜひ伺いたいです。2003年の総裁選出馬ですね。

高村　動機ははっきりしています。小泉さんが来年度、国債発行額30兆円を厳守すると表明したからです。そんなことをしたら日本経済壊滅ですよ。例えば5年後をめどにそうするというのならわからないでもない。だけどもうデフレ時代に入っている中で、来年やると言うんだから。それを止めるのが一番大きな理由でした。

このことについては、後でわかったことがあります。総裁選が終わった後のいわゆる郵政問題で、竹中平蔵さんが私のところに説明に来た。竹中さんが郵政問題を説明した後、「郵政の問題はともかく、小泉さんが国債発行額30兆円を来年度やると言ったのは絶対に間違いだ」と私が言ったら、竹中さんは、「だから小泉総理はおやりにならなかったんです」と返してきた。「やらなかったにしても、ああいうことを言っただけで全体の景気を冷えこませる。とんでもない発言だった」と畳みかけると、竹中さんは、「そうですよね。どうせ財務省あたりが振りつけたんでしょう」と言いました。えっ、竹中さんが振りつけたんじゃなかったの、と意外な感じがしました。だけどよく考えたら、竹中さんはそういう単年度で数値目標を入れるような財政再建論者じゃない。竹中さんが振りつけたんじゃないということはわかりました。

ただし財務省が振りつけたわけでもない。財務省も単年度で30兆円にできるなんて思うはずがない。そんなことをやったらかえって財政破綻しちゃいますから。

正解はおそらく、むかし大蔵官僚が小泉さんに「財政規律が大切だ」ということをこんこんと諭したのを、首相になった小泉さんが勝手に解釈したということでしょう。竹中さんが振りつけたわけでも、財務官僚がその時点で焚きつけたわけでもない。小泉さんが自分で判断して、30兆、俺ならできる、と考えたということでしょう。

竹中さんは「だから小泉総理はおやりにならなかったんです」と言ったけれど、私は私が立候補して「バカなことはやめろ」と言ったのが効いた部分がゼロではないと思っています。もう一つ、少子化の問題は郵政民営化の問題より100倍も大切だと思っていたので、児童扶養手当を額・期間とも抜本的に引き上げると主張しましたが、他の立候補者もマスコミも全く相手にしなかったので、そのこと自体にびっくりかつ失望しました。

小泉総理は安保理常任理事国入りに反対だった

高村　総裁選ではもう一つ印象的なことがありました。小泉さんが国連安保理常任理事国入りに否定的だった理由を、私は総裁選の中で彼が直接話すのを聞いたんです。

彼はこういうふうに言いました。五つの常任理事国は、みんな核を持っている。そして国益のためには戦争をすることも辞さない国である。日本がそういう国だと誤解されることは決して好ましいことではない。だから常任理事国にはならない、と。

私はこう反論しました。常任理事国が核を持っている国だというのはその通りだけれども、だからこそ核を持っていない日本が常任理事国になることが必要なのだ。国益のためには戦争をすることも辞さない国だというのは事実と違う。国益のために戦争をすることは国連憲章で禁止されている。常任理事国はみんな国連憲章違反をしていると決めつけるなんて、そんな失礼なことはない、と。この議論はテレビでも放映されましたが、見ていた人は小泉さんの顔が引きつっていたと言っていました。

実は外務省のある役人から当時聞いた話だと、ブッシュ大統領との会談の前に外務省の誰かが小泉総理のポケットに、ブッシュに直接言う言葉を記して入れたそうです。「ブッシュに会ったら小泉さんが直接言ってください。これで常任理事国入りを米国は支持できます」と米側の事務方から言われたのを受けての話だったそうです。

なのに小泉さんは「中国や韓国が、私が靖国神社に行くことに反対だと言っているけれど、あなたもそう言うか」と聞き、ブッシュが「いや、私はそんなことは言わない」と言って盛り上がっちゃって、結局、常任理事国の話はポケットから出なかった。

兼原　これ、外務省は何回も小泉総理にお願いしていますが、小泉さんは頑として「常任理事国になりたい」と言わない。だったら「やらない」と言えばいいんですよ。外務大臣の町村さん、常任理事国入りを実現しようとして、世界中を必死に走り回っていたんですから。

高村　町村さんだけじゃないですよ。私もやったし、町村さんの前の外務大臣だった川口順子さんもそう。川口順子さんも総裁選が終わった頃、国連に飛んで、日本の常任理事国入りを含む国連改革を主張しています。

兼原　そうなんですよ。最後、小泉総理がお辞めになる時に、ワシントンに来られて、「新世紀の日米同盟」と題した立派な共同声明を出されて、昵懇だったブッシュ大統領と一緒にプレスリーゆかりの地であるメンフィスに行かれて、プレスリーの真似をされたりして、思い切り盛り上がりました。これが常任理事国入りを持ち出す最後の日米首脳会談のチャンスでした。外務省も周到に準備していましたから、ホワイトハウスからは、ブッシュ大統領は「準備できてるよ

（ｗｉｒｅｄ）」って言われていました。後は、日本側が安保理改革の議論に火さえつければよかった。しかし、それでもやっぱり、小泉総理は頑として常任理事国入りの件を言わなかった。

細谷　私の恩師の北岡伸一先生が当時、２００５年ですけど、国連次席大使でニューヨークにいて、まさに何人かの方と一緒に走り回っていました。どうなるかわからないけれど、とりあえず議決まではいきたい。そこまでいけば、やっぱり安保理は改革しようということで、また次にいくんじゃないか、と。それでゴーサインを待っていたら、最後、小泉さんがイエスと言わなかった。

だから北岡先生は小泉さんのその態度には結構批判的なのですが、今の高村先生のお話を聞いていると、最初から確信犯だったようですね。ちょっと独特な国際秩序観をお持ちだった。

兼原　とにかく安保理常任理事国に入るのが嫌だったんですよね。小泉さんは昭和世代ですから、憲法9条があるのに安保理の常任理事国になって、世界中の紛争に責任をもって、場合によっては自衛隊を出すなんて、やってはいけないんだという思い込みがあったのではないでしょうか。結局、アメリカが最後の最後まで安保理改革に「うん」と言わなかったわけですが、ブッシュは小泉さんに言われたらオーケーと言ったかもしれない。

高村　唐家璇さんなんか、日本の常任理事国入りに反対しているのは中国じゃなくてアメリカですよ、なんて言っていましたね。それをそのまま鵜呑みにはできませんが。

兼原　本当ですよ。ニューヨークの国連の現場では、第二列の国々が猛反対していました。ドイツにはイタリア、インドにはパキスタン、ブラジルにはメキシコやアルゼンチンが思い切り足を引っ張っていた。この第二列は当時、ニューヨークでは「コーヒークラブ」と呼ばれていました。イタリアのフルチ大使は、諜報機関出身で隠密工作に長けていました。また、アフリカがまとまらない。アフリカには五つの地域があって、誰がアフリカの代表になるかがまとまらない。これは町村さんが走りまわって一生懸命まとめようとしていましたが。こんな状況だったからこそ日本はアメリカの後押しが欲しかったのです。ところがアメリカは機能不全の国連で唯一使えるのが安保理だから、安保理の外科手術には反対だ、という立場でした。

川島　中国では2004~2005年に反日運動、反日デモが起きました。一般に小泉総理の靖国参拝が理由として挙げられますが、重要な原因として安保理常任理事国入りの話と、日米2+2（日米の外相および防衛相の会談）における台湾への言及ということが忘れられがちです。靖国を加えて三つが原因だったわけです。中国から見れば安保理常任理事国は主要戦勝国集団、そして国連のことも「連合国」と呼んでいますから、なぜ敗戦国が安保理の常任理事国になるのかという疑問が湧き、歴史認識問題に結びついたわけです。

細谷　小泉さんが「入る気ない」って伝えてくれれば、デモの理由が3分の1は減っていましたね。

小泉改革は「何もない」

高村　郵政改革でも高村さんは消極的立場だったが理由は何ですか、とよく聞かれるのですが、理由は簡単です。あの時点ですでに郵政公社ができていて、自主運用ができるようになっていたからです。ただ一つ、私がやってもよかったと思っていたのは非公務員化です。郵政公社のままで非公務員化だけすれば同じじゃないかと思っていました。

小泉改革と称するものは、全部足しても竹下登さんの消費税導入に及ばない。中曽根改革にはもちろん全然及ばない。小泉改革って何もないんですよ。あります？

竹中 不良債権の決着をつけたのは成果なのではないですか。

高村 必要にせまられたそれなりの成果だが大改革という話じゃない。

竹中 やや失礼な質問かもしれませんが、総裁選で現職の総理に挑戦するというのは相当なご決断だと思うのですが、あえてそうされたということですか。

高村 勝てるとは思いませんでしたが、国債発行枠30兆を止められればいいと思って、それが最大の目的でした。さらに少子化は大問題であることを皆に印象付けたかった。その中で、この人は本当に安全保障理事会常任理事国になるのに反対なんだと知ったのは成果でした。

その後の郵政法案で、私は棄権しました。郵政法案を議論した自民党の総務会で私は、まだ早い、議論が尽くされていないと言っていたんです。あの時の総務会長は私の友人でもある長崎の久間章生さんでしたが、彼が「もう議論が出尽くしたようなので決を採ります。賛成の人は手を挙げてください」といきなり言った。私は別に絶対反対というほどでもなかったけれど、まだ機は熟していないのにいきなり決を採ることに反対という意味で、反対に手を挙げました。数を数えているふうにはとても見えなかったけれど、「賛成多数」ということになったから、私も「少数決だ」と言って抗議した。

派閥の例会で私は、まだ時期尚早だと思って総務会では反対したが、自分も参加した会で総務会長が決を採って賛成多数と言った以上、本会議場で反対するつもりはないと言いました。その前後に二人の議員がやってきて、自分はどうしても納得いかないから反対しようと思うと言ってきたのですが、その二人には「反対するな」と言いました。もし法案が通らないようなことがあったら小泉さんは必ず解散する。そして反対した人は公認されない。あなたたちはそんなに選挙に強くないから、二人とも必ず落ちるだろう。私は公認にならなくても大丈夫だろうから、私が右代表で棄権する、君たちは賛成しろ、と。そもそも私は小泉さんの郵政改革に絶対反対していたわけじゃなくて、改革なんてしたってしょうがないじゃないか、というぐらいの反対派でしたし。

採決になった時、私は議場を後にしました。反対側の扉からは古賀誠さんが出た。みんな私と古賀さんが示し合わせて出たと思ったみたいだけど、全然示し合わせていない。

次の選挙に臨んではずいぶん嫌がらせも受けたけれど、私は過去最高の票で当選しました。棄権組で公認になった人は、私以外はほぼ全員票を減らしていましたが。

竹中　参議院で否決されたら衆議院を解散するだろうという予測はありましたか。衆議院で否決されたら解散するだろうというのは誰もが考えたと思いますが。

高村　絶対ないとは言えないと思った。なにしろ小泉さんですから。けれど刺客という手までは考えなかった。そこまで残忍な手は思い浮かばなかったですよ。私は本会議を棄権しても、自民党非公認でも、当選する自信はあったけれど、刺客がいたらわからなかったですね。

竹中　あれで国民がフィーバーしたことは、どう先生は感じられましたか。

高村　国民ってそんなものですよ。国民がフィーバーしたからといって、それが正しいとは限りません。ただ、国民をフィーバーさせて中曽根政権以来の長期政権をつくったことは功績と言えば功績でしょう。さらに、安倍さんを後継者にしたことは大功績です。

第6章　日中関係が良好だった季節

兼原　小泉政権の後の第一次安倍内閣の時、内閣改造（2007年8月27日）後に防衛大臣を務められましたよね。

高村　安倍さんが総裁選に出る数カ月前に、杉浦正健さんから声をかけられて、安倍さんと食事をしたんですよ。とりとめもない話をして食事が終わった頃、安倍さんがいきなり居ずまいを正して、総裁選の件、よろしくお願いしますと言いました。私は、「日中関係を大事に思っている私の立場を知った上で、おっしゃっているんですか」と聞いたら、それには直接答えないで、「よろしくお願いします」と深々とおじぎされた。私は勝手に、そこで暗黙の了解が成立したと判断しました。

派閥の研修会で決めて安倍さんを応援しましたが、私が応援しなくたって安倍さんはその時絶対に当選していた。だから別に私が力になったということはないんですが、総理になっても靖国神社を参拝せず、いわゆる「氷を割る」ために真っ先に中国に出掛けていって、日中は戦略的互恵関係である、と言って帰ってきた。私の立場から見れば、暗黙の了解を果たしてくれた。もちろん経済界の要望もあったし、特に安倍晋太郎さんの弟で興銀頭取だった西村正雄さんが「日中をやらなきゃだめだ」ということを甥っ子に吹き込んでいたであろうことは想像に難くないんですが。

わずか1カ月の防衛大臣

竹中　内閣改造で防衛大臣に就任された経緯について教えていただけますか？

高村　安倍内閣で戦った2007年7月の参議院選で自民党はぼろ負けしました。その直後に、派閥事務所にいた私に安倍さんから電話がかかってきた。今度閣内に入ってください、と。直感的に外務大臣なら受けようと思って、何大臣ですかって聞いたら、防衛大臣をお願いしたい、と。防衛大臣なら若い人が育っているから、このポストはプロがいいですよと言いました。実際、防衛のプロはたくさん育っていたんですよ。そうしたら、「高村さんだって防衛政務次官、国防部会長を歴任したプロじゃないですか」と返された。安倍さんが国会議員になる前の昔のことまで調べていて、総裁がそこまで言うならと思って引き受けたんですよ。

防衛政務次官の時、防衛庁が全体の雰囲気として私を評価したのは、なだしお事件の時に犠牲者のお葬式ほとんど全てに出て、一生懸命謝ってきたことなんですよ。もっと評価してくれるところがあるだろうとも思うんだけれども。

それと同じように、防衛大臣になって防衛省で一番評価されたのが、記念写真の時に総理大臣の隣に立って写っていたことでした。これは初めてですと言われました。全国の基地に送られて、みんな飾っている。そういうことだけで評価されるのは不本意なんですけどね。

安倍さんに「防衛ならもっとプロがいるんじゃないか」と言ったのは、私は武器に興味が持てないからです。

ちょっと余談を話すと、私は古賀誠さんと仲が良かったと言いましたが、彼は田中六助政調会長の子分だった。もう一人の子分に大蔵省出身の柳澤伯夫さんがいて、私は両方と仲良くしていました。田中六助さんが今の東京医科歯科大学の学長のお父さんだということは、世の中の人はあまり知らないけどね。

竹中　そうなのですか。全然知りませんでした。

高村　柳澤伯夫さんは大蔵省時代、主計局で防衛予算の主査をやっていたそうです。防衛のことは武器がわからないとわからない。だから武器の勉強会を作りましょうと言って、私をトップにして彼が事務局をやって武器研究会を立ち上げた。でも、やっぱり武器には興味が持てなかった。これでは防衛を主体にするのは私にはちょっと無理だなと思って、外交の方に軸足を移したんです。

だから私が安倍さんに断ったというのは、防衛じゃ不満だという意味じゃなくて、本当に自分は防衛のプロではないと思っていたからです。でも経歴を見ればプロだと思いますよね。それで断るのはよくないと思って受けました。

結局、防衛大臣就任から1カ月で安倍さんが辞任してしまいましたが、それでも曹剛川国防部長が来日して4年ぶりの日中防衛首脳会談をやったり、いろいろありました。本当に体調が悪かったんだから、安倍さんは直ちに入院して説明は官房長官に任せればよかったんですよ。彼は誠実で、せめて最後は自分で辞める理由を申し上げたいと思ったものだから、本当に病気が理由で辞めるという受け止め方に国民がならず、病気を口実に政権を投げ出したなんて言われることになった。

兼原　安倍総理は、辞任される直前に豪州を訪問され、私も同行しましたが、その時はもう2週間くらい絶食状態で、点滴で命を繋いでいらしたと聞きました。総理が罹られた腸の病気は大変つらい病気です。首脳会談の時はもちろん堂々としておられましたが、部屋に帰ったとたんベッドに倒れ込まれていたそうです。後で秘書官たちが傍らで泣いていたと聞きました。

高村　これもまた余談になりますが、信州に唐沢俊二郎先生という、海部内閣の時の総務会長や中曽根内閣の郵政大臣を務めた方がいました。その唐沢先生がかつて、「高村さん、信州人と長州人はそっくりなんだよ」とおっしゃったことがあります。天下国家を論じることが大好きで、歌舞伎町の一杯飲み屋で酔っ払って大声で天下国家を論じている奴がいたら信州人か長州人と思って間違いない。だけど長州は7人（当時）も総理大臣を出しているのに、信州は一人も出していない。まだ羽田孜さんが総理になる前の話です。「理由はなぜだかわかるか」と聞かれたから「わかりません」と答えると、こう言ってました。「長州人は一人が頭角を現すとみんなで押し上げる。信州人は一人が頭角を現そうとするとみんなで足を引っ張る」「信州の一番のご馳走は沢蟹と言うんだが、これはビクに入れて持って帰る時に蓋がいらない。１匹外へ出ようとすると下の奴が足を引っ張るから」。これ、長州人の私じゃなくて信州人の唐沢俊二郎先生が言っていた話ですよ（笑）。

兼原　かつて安倍総理から、「長州人は本当に理屈っぽいよな。高村先生とか、（萩市の）野村市長とか、兼原君とか」と言われたことがあります。大変、光栄です（笑）。

日中議連の会長に

川島　２００７年の４月、高村先生が防衛大臣になられる前ですけれども、温家宝首相が来日して国会で演説をしています。その４月12日の演説で、「中日国交正常化以来、日本政府と日本の指導者は何回も歴史問題について態度を表明し、侵略を公に認め、そして被害国に対して深い反省とおわびを表明しました。これを、中国政府と人民は積極的に評価しています」と述べました。今から思えば画期的なことでした。当時何か印象に残っていることはありますか。

高村　温家宝さんは常に日本ファンですよ。ともかくいい人です。

川島　２００６年の第一次安倍政権で日中関係は戦略的互恵関係として再出発したわけですが、中国国内に目を転じると２００６、２００７、２００８年あたりは胡錦濤、温家宝が一番きつい頃で、国内で保守派からの突き上げを食らっていた。改革派の温家宝さんが日本に来て、日本のことをよく言うというのは保守派からの反発が必至なので相当勇気のいる行為でした。この温家宝演説は、習近平は一度も引用したことがないし、中国人のほとんどは知らない。完全に抹殺された演説になっています。

細谷　大臣でない時でも、中国の要人の方が訪日した際には、お会いになったりしていたのですか。

高村　日中友好議連の会長をしていた林義郎先生が政界引退（2003年）した後、私が日中友好議連の会長になりました。だから、中国の政治家に会う機会は多かったですね。

私は日中議連の役員でも何でもなかったんですが、大平正芳先生の秘書で環境庁長官も務められた真鍋賢二さんが、「高村さん、日中議連の会長やってくれませんか」と言ってきたんですよ。役員も何もやっていなかった私がいきなり会長といってもみんなが納得しないでしょうと返して、その話はそのままになった。しばらくして、日中議連の幹事長だった町村さんが来て、また依頼を受けた。みんなが納得するというならともかく、今まで役員もやったことがないのにいきなり会長になったら、今まで一生懸命やっていた人は納得しないですよと告げました。ともかくもう一回みんなで話してみると言って町村さんは帰っていって、しばらく来なかったから、その話はなくなったと思っていた。

そうしたらまたしばらくして、実は橋本さんが日中議連の会長をやりたいと言い出しているという話を町村さんから聞かされた。元総理がやってくれるというならこれほどいい話はないと言ったら、そう簡単にはいかない、みんなで高村さんにやってもらうと決めたのに橋本さんがなるというなら自分は辞めると言う人が出てきた、と。

でも元総理がやりたいと言っていたのを断ったらまずいんじゃないのと言いましたが、紆余曲折があって結局、私が引き受けることになりました。

細谷　日中国交回復の時は田中角栄総理と大平正芳外相ですから、日中議連は伝統的に経世会、宏池会系の方々が主流だったのでしょうね。橋本龍太郎さんも林義郎さんもそうですし。そういった意味では、派閥とは関係なく属人的に高村さんが議連の会長になられたのは新しい流れのように感じますが。

高村　派閥がどうだということはあんまり感じなかったけれども、私を会長に担ぎ出した真鍋さんが大平さんの秘書だったということは関係あったかもしれないですね。

川島　対中ODAがこの頃に終わるわけですが、対中ODAの面では旧田中派の方々が力を持っていたような印象があります。中国側の人がよく言うのは、野中広務さんが政界を引退されて、日本からのODAもだんだん減って、日中間の政治家同士のパイプがだいぶ弱まった、と。

高村　野中さんは曾慶紅さんと仲が良かった。両方怪物ですからね。私と違うんですよ。

川島　野中さんが引退した時、曾慶紅さんは野中さんを大連かどこかに招待して、二人の交流の写真帳を作って贈ったという話を聞いたことがあります。

高村　野中さんも曾慶紅さんも怪物でしょ。二階（俊博）さんが怪物であるのと同じように。私とか福田さんは怪物じゃないんです。

川島　2010年代の日中関係改善の時には、高村さんが大きな役割を果たしたと思っています。2014年に安倍晋三総理が対中関係改善に乗り出した時、高村さんも5月に訪中されましたね。

高村　2014年の安倍訪中の時は何のお手伝いもしていません。日中関係に特別なことはなかったんですよ。私が議連会長として訪中したときは中国側の興味は平和安全法制でしたが、平和安全法制について中国側は、私に対しては一言たりとももものを言っていない。旧知の唐家璇さんも一言も私に平和安全法制の話をしなかった。

着いた翌日の午前中、全くの自由行動みたいな時間があったんですが、その自由行動の時に唐家璇さんが北側（一雄）さんと岡田（克也）さんを訪ねているんですよ。唐家璇さんが北側さんに何て言ったのかは聞いていません。北側さんはべらべらしゃべるような人でもないし、私も聞きたがる人間でもないから。中国側は、あの時の訪中団に対して平和安全法制、もっと言えば集団的自衛権の一部容認のことについてだけ聞きたかったんじゃないですか。

兼原　高村さんが安倍内閣を継いだ福田内閣（2007年9月26日発足）で外務大臣をされていた前後、日中関係の大きなテーマは、第4章でも取り上げた東シナ海のガス田境界画定と共同開発の交渉でした。

高村　私は交渉はしていませんが、口を挟んだことはあります。2007年11月にシンガポールで日中の首脳同士が一緒に食事をした時に、温家宝さんが非常にうまい言い方をした。中国が言うところの大陸棚と日本が言うところの中間線、その間の広い部分を全部共同開発にしましょう、これなら公平でしょ、と。私は福田さんに任せておいても大丈夫だと思っていたけれど、万が一のことがあっては困ると思って、普段は滅多に口を挟みませんが、この時は口を挟んだ。温家宝さんの提案は一見公平なようだが、最近の国際判例を見るとほとんどが中間線、もしくは中間線をちょっと修正したぐらいのところに線を引いている。大陸棚理論に基づいたものは最近はない。だからこれは、一見公平なようで公平とは言えない。国際裁判で決めろと言うつもりはないが、仮に国際裁判で決めるとしたらどういう線になるのかを基本に置きながら話し合って決めるのが一番いいのではないか、と。

温家宝さんはその時、私が言ったような話はまったく聞いていなかったようで、びっくりしていました。後で中国の事務方が、首脳同士の話に外務大臣が割って入るのはおかしいと、日本の事務方にずいぶん言ったらしい。だけどあの時は言っておいてよかったと思います。共同開発をやれれば一番いいけど、中国は大陸棚理論を放棄はしないものの、中間線の向こう側でしか単独開発をしていないのは、それなりに自制しているということですよ。だからあの時言っておいた意味はあったと思います。

兼原　そこで高村大臣が割り込まれなければ、74年に決めた日韓大陸棚境界画定の場合と同様に、日中中間線の日本側の広大な水域にだけ共同開発区域が設定されることになっていたでしょう。82年の国連海洋法条約採択後の国際判例は中間線重視派が多いですから、後で譲りすぎだと言って随分批判されることになっていたと思います。

2008年頃は友好的だった日中関係

高村　福田内閣の外務大臣時代のトラブルシューティングをもう一つ。アメリカの高官が日本に来て、「アフガニスタンに輸送用のヘリ部隊を送ってくれ」と要請してきたことがありました。要請のきっかけは、石破（茂）防衛大臣とゲーツ国防長官が会談した際、ゲーツ長官が「ヘリ部隊を出せないか」と聞いたら、石破さんが「自衛隊の能力としてやってやれないことはない」と答えたことです。石破さんは、自衛隊としてやろうと思えば能力的には可能、と返答したに過ぎなかったと思いますが、アメリカ側は「日本は自衛隊を出す用意がある」と受け止めてしまった。外務省の高官が言うには、「アメリカでばかに期待が高まっちゃってる」と。

どうも誤解があるようなので、アメリカのシーファー大使を呼んで、「法律を作るのは難しいから、日本はヘリ部隊なんて送れないよ」と伝えたらびっくりしていて、「いま言ってくれてよかった。ブッシュ大統領から福田総理に直接要請しよう、という話にアメリカではなっていた」と。

アメリカ大統領からの要請を日本の総理が断ったら、ひょっとしたら国民世論の一部は「よくやった」と思うのかもしれませんが、日米同盟にとってはよくない。同盟にとってよくない話は、首脳レベルに至る前に潰しておかないと抑止力に影響します。

兼原　福田政権の時には、金大中事件の幕引きもありました。韓国がちゃんと謝って、いちおうケリをつけた。ご記憶ですか？

高村　ゴリゴリ交渉したわけではないのでそれほど印象深いものではないですが、一応決着させました。

兼原　小松一郎元国際法局長の書かれた国際法の教科書に、福田内閣の高村大臣の時に決着したと書いてあります。形だけかもしれませんけど。

高村　韓国側が持ってきた話に、それでいいよと言ったということです。実は小渕内閣の外務大臣の時、金大中大統領が日本に来て、いい話ができた時に、日本の記者たちから「金大中事件について、日本の外務大臣として向こうに謝るんですか」と聞かれたことがある。韓国側があういう事件を起こしてしまって申し訳ないと謝るならわかるが、何で日本が謝るの？」って記者に聞き返したことがあります。属人的にしか考えないんだよ、記者さんたちは。

川島　２００８年は日中間の首脳会談は多分史上一番多く、10回以上行われています。総書記の胡錦濤さんも5月に日本にやってきて福原愛と卓球したりして、ある種の友好ムードができた。その胡錦濤さんの来日の時に日中関係の4番目の重要文書である「『戦略的互恵関係』の包括的推進に関する日中共同声明」ができたわけですけれども、その時には中国の中で相当いろいろ議論があったようです。つまり経済が世界第4位、第3位と躍進してきていて、もうそろそろ「ノーと言える中国」になってもいいという感じが中国の中にあり、保守派が台頭していました。

実際２００９年ぐらいからガラッと変わります。２００８年に海は共同開発すると日本側と合意していながら、２００８年の12月8日に尖閣の領海に中国の公船が初めて入ってきた。これは温家宝総理が日中韓三国首脳会議で福岡を訪れる直前でした。この２００８年の日中間のやり取りについて、もし何かご記憶があればお話しいただければ幸いです。

高村　あんまり記憶がないんですよ。お話ししたように、江沢民さんが来た時は私自ら唐家璇さんとやりあいましたが、２００８年は官僚レベルで大体やったんじゃないですかね。

兼原　福田内閣当時、中国ともめた雰囲気はなかったです、全然。訪中した福田総理と温家宝首相がキャッチボールをしてたくらいですから。

川島　引っ掛かりがなく、官僚ベースで進んだということなんですね。

高村　事務方で引っ掛かりがあったら、こっちが出ていかなきゃしょうがないじゃないですか。

川島　そうですね、胡錦濤の来日は2008年5月ですので、高村先生が外務大臣でいらっしゃるわけですが、そういった引っ掛かりなく進んだということがよくわかりました。

細谷　全然コンテクストは違いますが、事後的に振り返ると、中国もロシアも2007年から2009年あたりの時期が、外交の転換期だったと思います。中国は2008年のリーマンショック後に4兆元の景気対策を組んで、世界経済を引っ張ってだんだんと自信を深めて自己主張が強くなりましたが、この頃はまだ友好的でした。

当時、外務省で対中外交を担当していた方のお話を聞く中で、合意文書作成の過程が非常にスムーズで、かつこちら側の要望もかなり向こうが聞いて、文書にするのも了解を得られた、と述べていたのを覚えています。

高村先生が外務大臣をお辞めになった後、日中関係が悪くなっていきますが、何か感じられたことはありましたか。

高村　中国がどんどん強くなっていくという状態は、私が外務大臣の間でも続いていました。ただ、強くなっていく中でも、中国が日本に対して文句を言うような状況はあまり作らせなかった、ということだと思うんですよね。その後、尖閣の漁船衝突事件があって。

川島　2010年ですね。その前、2008年末に初めて尖閣に向こうの公船が入りました。

細谷　先生が大臣を辞められた後の麻生政権の時ですね。多分それが中国の日本に対する強硬な態度の第一歩だったんじゃないかと思います。

高村　そうかもしれません。尖閣については、日本の実効支配を容認していた時代から、そこに挑戦しようとした時代に入ってきた。それは中国が国力をつけたということと関係なしとしない。何か特別な問題がなくても、自分たちにも言い分があるから、力がついたことによって現状変革に挑戦しようと考え始めた時期がその頃になるのでしょう。

先ほど、2014年に訪中した時、平和安全法制の問題だけが向こうの関心事だったと言いましたけれど、向こうの有識者と会談した時、ぜんぜん違う場面がありました。向こうの有識者という人が、こういうことを言ったんですよ。「いま日中関係が悪くなってきたのは、日本の国民に中国がかつてと違って経済力をつけて大きくなったという現実を認めたくない感情があるからではないか」と。

私は「そういうことを否定するわけではないが、中国側が大きくなったのに大国の責任というものをいまだに理解していないことの方がずっと大きいのではないか」と返しました。

細谷　見事な切り返しですね。

兼原　2013年、習近平になってからの中国ですよね。これが大きい。この頃のエピソードを一つ話すと、習近平政権になってから、外交部長の王毅さんが来て安倍さんに会った。その帰りがけに、傍らにいた外務省高官に向かって、「これまでの中国と思うなよ」と言い放って帰ったということがあります。完全に日本を抜いたという自己認識になっていたんでしょう。

尖閣だって、恒常的に領海や接続水域に入って来るようになったのは野田民主党政権の末期です。石原都知事の尖閣購入の動きが理由とも言われますが、中国はすでに南シナ海で一方的な拡張主義を展開していた。直前、フィリピンのスカボロー礁も実効支配しています。日本は手ごわいのでじっと見ていて、尖閣領海に入り込むための言い訳を探していたんでしょう。そこに石原さんの発言がはまった。結局、尖閣は野田政権が国で買い上げますが、これを日本のある新聞が「国有化」だと騒ぎ立てた。それで中国がさらにヒートアップした。当時の日本は、東日本大震災、津波、福島第一原発事故、民主党政権下の対米関係の冷却化と散々でした。日本を侮った面もあるでしょう。それで中国公船が尖閣に恒常的に来るようになったわけですが、日本は海上保安庁が尖閣専従体制を敷いて、中国公船を追い払い始めた。他のアジアの国と違って日本は屈しない。中国は、海警勢力をほぼ4倍にして力押しに出ていますが、海上保安庁も増勢に入り、もう10年以上、日本の海保の巡視船が中国の海警の公船を毎日押し返すという事態が続いている。

高村 中国の政治家で、日本にとってとても話のわかる戴秉国さんという人がいました。その戴秉国さんに対して、野田政権の中にいたある日本の政治家が、こんど胡錦濤さんと野田（佳彦）さんが会って話す時に、国有化はやめてくれないかとじかに頼めば止まりますよ、なんて話をしているわけです。

当時の野田政権の外務省政務三役の中で怒鳴り合いがあったなんて話が、野党自民党の私の耳にまで入ってくる。これはみっともない話ですよね。外務省の政務三役の一人が戴秉国さんに、じかに総理に頼めば国有化が止まるというから、胡錦濤さんが野田さんに直接頼んだわけですが、止まるどころではなくてすぐに国が所有権の取得をしてしまった。

川島　そうですね、ウラジオストックのＡＰＥＣでの日中首脳間の立ち話で胡錦濤国家主席から野田総理に伝えたのに、結果的に恥をかかせられた、と中国側では言っています。

高村　国が所有権を取得すること自体は何の問題もないが、やっぱり政権が未熟ですよね。

兼原　外務大臣は、総理大臣の命を受けて、国を代表して動くわけですよね。その立場にない人が、俺がいい格好するんだといって総理を代弁しているような顔をして走り回っても、総理にとっても、国にとっても、いいことは何もありません。日本は、いろんな人が外交ルートの外側で自薦他薦の総理特使になりたがりますが、有害なことが多い。混線するだけです。しかも決定的に重要な場面で、総理の了解を得ないまま、中国の首脳を話に乗せてしまった。野田政権での対中関係の悪化には、対中ルートの混乱で恥をかかされた中国首脳が怒ったという理由もあると思います。

細谷　逆に言うと、今日の高村先生のお話を伺っていて勉強になったのが、思った以上に中国側は日本を「大国」だと思っていて、日本に配慮をしたり、日本側の世論を意識したり、関係改善のための努力もしていることとです。

高村　反日で知られた江沢民さんですらね。それなのに、民主党政権では日本側のミスでぐちゃぐちゃになってしまった。戴秉国さんだって政権内で信頼を失ってしまうし。

細谷　中国の日本専門家が、我々にとっては民主党政権より安倍政権の方がやりやすい、なぜなら予測可能性が高いからだと言っていたのを思い出します。

憲政を歪めた漁船衝突事件の処理

川島　先ほどの話で、２０１３年の変化のほうが大きいというのはおっしゃる通りです。確かに胡錦濤政権の後半に変化はあるのですが、それでもなお韜光養晦《とうこうようかい》と言っていたし、南シナ海でも南沙諸島は占領するけれど軍事基地は作らなかった。それが２０１２年から13年にかけて成立した習近平政権になると大きく変わっていきます。

細谷　船の数も２０１４年から上がりますもんね。

高村　民主党の菅政権の時、漁船衝突事件がありましたよね。民主党政権の偉い人が、自分たちはその時その時で正しい選択をしていたので何も間違っていない、と言ったと聞きました。ぶつかってきたから逮捕するのは当たり前。逮捕して調べなきゃいけないから勾留をするのも当たり前。調べが終わってないから勾留延長するのも当たり前。

けれど中国側から圧力がかかって、フジタの社員が拘束されたりしたから、慌てて日中関係を考えて釈放するのも当たり前。でも日中関係はぐちゃぐちゃになりました。その時その時の正しい判断じゃなくて、せめて1カ月2カ月ぐらいは先を見通して何するかを決めないとだめでしょう。

兼原　あれは要するに、最高指導者たるべき菅（直人）総理が逃げたんです。押し付けられた官房長官の仙谷（由人）さんは釈放すると決めましたが、那覇地検に「起訴するな」という。正面から指揮権を発動していたらそれなりに立派でしたが、そうではない。当時の中国課長が「おまえ行け」と言われて那覇に行って、那覇の地検に「すみません、釈放してください」と頼んだ。那覇地検はカンカンになって、「外交上の理由により釈放」と公表した。外交は検察の権限ではありませんから、政治家の無茶な横槍で仕方なく釈放すると公言するに等しい言いぶりです。

政治の裁量判断で釈放するなら「外交上の配慮」と言って指揮権発動すればいいわけです。それを言わずに、権限がない那覇地検に外交上の判断をさせて釈放させた。あれは憲政を激しく歪めた事例だと思います。

細谷　パワーバランスが大きく変わる不安定な時期に、政権運営の経験がなかった民主党が政権運営を行ったことは、不運でした。

2010年の漁船衝突事件の時、12年の尖閣の所有権移転の時、議員交流はずっと続けてらっしゃいましたか？

高村　こちらが凍結したことはないけれど、毎年行っていたわけじゃない。向こうから、この人は来てもらっちゃ困るというようなことを言ってきた時は行かなかった。向こうから行く人間を指定されるような日中議連じゃないですから。

細谷　民主党は党として、それまで中国共産党とのパイプがほとんどなかったと思います。自民党は長年交流していますから、危機の時には向こうは野党の自民党を頼ってくるということも多いのではないかと思いますが、民主党政権時代、高村先生のところにも向こう側からの接触はあったんでしょうか。

高村 政治家はあんまりいなかったですけど、両国外務省からはたくさんありました。困っちゃうんですよね、という話が。

これも外務省にとっていい話だかどうかわからないけれど、自民党で安倍総裁が実現して、次の選挙を終えれば第二次安倍政権が発足することが間違いないとなった時点で、実は玄葉光一郎外務大臣と河相周夫事務次官から、引き継ぎをやりたいからさるところに来てくれという話があって、引き継ぎをやったんですよ。それにもかかわらず外務大臣を引き受けなかったのは、玄葉さんと河相さんに対する、ある意味私の裏切りです。それでも私は副総裁に留まったほうがいいと判断しました。

細谷 向こうはもう高村先生が外務大臣になると思っていたわけですね。

高村 そうかもしれないですね。なぜ私と思ったのかはわからないけれど。

細谷 玄葉さんはとてもオープンな方ですよね。日本外交をよくするためなら、民主党にこだわる必要はないと考えたのかもしれません。外交経験豊かな高村先生のことを信頼していらっしゃったのでしょう。

第7章　民主党政権から安倍政権へ

竹中　民主党政権が短命になると信じておられたそうですが、その根拠は何だったのですか？

高村　民主党が「無駄を省けば16兆8000億円出る」なんて言って政権を取ったからです。小泉政権の時に、社会保障費の伸びを年2200億円抑制するという政策を出しました。これは国債発行額30兆ほどひどい政策じゃなかったですし、それなりに理由のある政策でしたが、それでも大変な混乱が起こった。日本医師会が自民党から離反する遠因にもなりました。16兆8000億も削ったら大混乱が起こらないはずがない。

藤井裕久さんが最初の頃、テレビで「本当に16兆8000億も出るんですか」と質問されて、「我々は野党だから細かいことはわからない」と言っていました。その時点で藤井さんは割と正直だったんです。

しばらくして、小沢ボスに言われたのか本人が気付いたのかは知りませんが、それでは選挙は戦えないとわかる。そこで何と言ったかというと、どこの民間企業でも大変なことになってコストカットするとき、10％くらいは容易に削れる。日本の予算は表裏合わせて200兆だから、10％カットで20兆くらいはできて当たり前だと。ポッと出の民主党議員が言うならともかく藤井さんが言うのなら、ということでマスコミも信用した。マスコミが信用すれば国民も騙されるわけです。

理論的にはやってできないことはない。削った16兆8000億で何をやるかを公約しているわけだから、それを最優先でやるということにすればできるかもしれない。でも大混乱は必至です。小沢さんがその絶大な力を持って理論的にはできることをやったら、政権は1年で潰れる。でも、小沢さんは言うことは極端だけれど実際は現実主義だから、多分やらない。小沢さんが極端なことをやれば1年で潰れ、極端なことをやらなければ3年はもつ。私はそう言っていました。

あの頃、自民党というだけで我々の言うことを聞いてくれない風潮がありました。だから、明らかに私より偏差値が高いであろう自民党の有力な議員たちの中にも、自民党という党名を変えろなんて言っている人がたくさんいました。その辺の感覚は、細川政権を経験してきた私のような議員と、もう少し若い人では全然違ったんですよ。

竹中　予測を見事に当てられました。

高村　私は普段、総決起大会の時以外は選挙区に帰りません。選挙区の周南、防府、山口の3市で総決起大会をやるんですが、普段は大体外交安全保障の話をしています。しかしその時は16兆8000億の話だけに絞った。3年で潰れるというのには確信を持っていました。

兼原　鳩山政権の初期、元アメリカ政府職員の友達が日本に来て、永田町と霞が関をぐるっと見て回ってから私の部屋に来て、「兼原さん、これはフランス第四共和政と同じだね」と言ったんですよ。要するに、役人の影響力を排除した議会独裁であると。官僚機構と激突したら政権はもたない、官僚は使うものだ、この政権は1年で終わるよ、というのが彼の見立てでした。鳩山政権は実際に1年で終わりましたよね。

竹中 民主党政権は社会保障と税の一体改革に取り組み、野田さんと谷垣さんと山口（那津男）さんで3党合意を結びます。一体改革法案を衆議院では通して、その後解散を条件に参議院で成立させることになりましたが、高村先生はどう受け止められていましたか。

高村 その前の「無駄を省けば16兆8000億」から見れば、はるかに良くなったと思っていました。比較でしか言えませんけどね。

細谷 野田政権には、自民党の中でも比較的好意的な方がいらっしゃった印象があります。

高村 私は、野田さん個人は高く評価しています。ただ、野田さんを支持する与党は政党ではなく学級委員会でした。

2012年の自民党総裁選

竹中 2012年9月に自民党総裁選が行われます。谷垣さんは総裁でしたが出馬されず、安倍さん、石原伸晃さん、石破さん、町村さん、林芳正さんが出馬しました。この総裁選について印象に残っていることはありますか。

高村　最初、「おまえどうする？」って麻生さんから電話がかかってきました。「谷垣さんに何の瑕疵もないんだから谷垣さんでいいんじゃないの？」と言ったら、麻生さんも「俺もそう思う」。だけど推薦人を貸すとか貸さないとかいう話まではいってなかった。谷垣さんは総裁だから、推薦人ぐらい集まるだろうと思っていましたし。

そうしたら石原幹事長が出るという話になって、谷垣さんの推薦人が危なくなってきた。それで地元から飛行機に乗って帰る際、乗っている最中かその前にかかってきたけど気がつかなかっただけなのかわかりませんが、谷垣さんから電話が入っていた。東京に着いて、その電話に気付いた時は、もう谷垣さんが立候補しないと宣言しちゃっていました。我々が谷垣さんを推すということをわかっていたので「できない」という断りの電話だったのか、推薦人を貸してくれという電話だったのか、今となってはわかりません。

竹中　ここは授業をしていて、学生からいつも聞かれるところです。野党として与党の民主党を追い込んだ総裁なのに、何で辞退せざるを得なくなったのかということです。何でそんなことになってしまったのでしょうか。

高村　森さんが谷垣さんに、「応援してくれる中心メンバーは誰か」と聞いたとき、森さんお気に入りの遠藤利明さんらの名前が返って来ていたら、森さんも谷垣さんを応援したのではないかと言った人がいましたが、真偽のほどはわかりません。

細谷　森さんは、かつての田中角栄のキングメーカーじゃないですけれど、やっぱり清和会、森派が数が大きいので、それだけの影響力があったのでしょうか。

高村　それはそうでしょうね。森さんは私と違って面倒見がいい人ですし。
　あと石原幹事長が、当時のマスコミ界の大物などに支持されて、最初は勢いがあった。それが麻生さんの「平成の明智光秀」発言で潰れてしまった。石原さんは総裁を支えるべき幹事長でありながら、谷垣総裁を不出馬に追い込んだ、と。

竹中　谷垣さんは加藤の乱の時に、最後まで加藤さんについて行きましたよね。そのことを森さんが不満に思っていたという可能性はありますか。

高村　なくはないけれど、それでも谷垣さんはそんなに嫌われる人じゃないですからね。それに谷垣さん、あの時は加藤さんを止める側に回っていましたから。

竹中　谷垣さんが立候補しないということになって、安倍さんが出馬することになります。

高村　安倍さんも躊躇していたんですよ。辞め方が国民に誤解されて、病気を口実に政権を投げ出したと見られていた。それを、菅（義偉）さんが「生涯最大の達成」という焼き鳥屋の会談で翻意させて、出馬に至った。

兼原　安倍昭恵さんがおっしゃっていましたが、1回目に小泉さんから総理をやれと言われた時、本人は嫌だったそうです。財務、外務、経産、防衛といった主要閣僚を全くやっていないから政府の運営方法がよくわからない。小泉という大総理の下で1年官房長官をやっただけですから。それでも当時の絶対権力者だった小泉さんにやれと言われたら断れませんからね。でも病気のせいで、たった1年で辞めちゃったので、その後、ものすごく悔しがった。もう一度総理をやりたいと「一千倍強く思った」と、田﨑史郎さんのインタビュー記事に書いてありました。

派閥として安倍氏を支持

竹中　谷垣さんが辞退され、安倍さんが出ると決まってからはどうされましたか。

高村　また麻生さんから電話がかかってきて、「安倍が出ると言ったら俺としては推さざるを得ない」と。私も「このメンバーの中で内閣を仕切れるのは安倍さんだよな」と言って呼応しました。私も地元が同じ山口県の先輩議員として長い付き合いがありましたし、たった1カ月とは言え第一次政権の終わりに彼が任命権者として私を防衛大臣にして、政権運営を手伝った経緯もありましたし。

それぞれ派閥で安倍さん支持を決めましたが、記者会見をやったのは私のほうが数十分早かったと思います。ほぼ同時です。派閥でまとまって安倍さんを推したのは、麻生派と高村派しかなかった。

竹中　清和会も割れていましたよね。町村さんが出たので。

細谷　ちょうど総裁選の時に、石原慎太郎都知事が尖閣諸島に船溜まりを造ると発言して、圧倒的な支持を得ました。安倍さんも、尖閣に公務員を常駐させると言った。その後、高村さんは安倍さんに対して、「そんなことをしたら日中関係がにっちもさっちもいかなくなる」と伝えたそうですが、これは直接安倍さんにお伝えしたのですか。

高村　電話して、公務員なんか常駐させたらにっちもさっちもいかなくなりますよ、と言いました。そうしたら、「わかりました。言い方を考えます」って言ったんです。幸いなことに、総裁選中は何も言いませんでした。

ついでに言うと、他の候補にも言ったんですよ。石破さんには、応援もしないのに注文をつけて悪いが、船溜まりを造ると言っているのは良くないと言ったら、彼は「もう言いません」と言っていました。町村さんは、「俺はそんなことを言ったことはない」。それから石原さんには、大島理森さんを通じて伝えた。そうしたら、「私は親父と違います」。林さんは言う必要ないと思ったから何も言っていません。

船溜まりなんか造ったら、台風の時に緊急避難で中国の漁船がたくさんやってくるかもしれない。それは止めようがない。しかも乗っているのが武装漁民だったりすることだってないとは言えない。

兼原 中国が力押しに出てきていると頭を切り替えるタイミングでした。ちょうどあの総裁選のころ、中国が海警の公船を数隻尖閣領海周辺に常駐させ、定期的に領海に侵入するなどして力押しで来始めたので、こちらも力で押し返さなくちゃいけない。中国が公船を多数繰り出して領海侵入し、明らかな力押しに出ているのに、象徴的に公務員を常駐させたって意味がない。中国にエスカレートする口実を与えるだけです。その後、安倍総理が取り組まれた海上保安庁の増強とか自衛隊の増強が本当の答えなんです。

竹中 総裁選の結果安倍総裁が誕生し、幹事長が石破さん、ご自身は副総裁に就任されます。

高村 確か総裁選の当日、党本部の中の一番大きい部屋で祝賀会があったんですよ。私も挨拶しろというので、「明日から中国に行ってきます」と言いました。その時はちょうど国慶節で、日中友好団体のトップが全員一緒に中国に行くことになっていた。安倍さんの祝賀会で中国に行ってくるというのはあまりそぐわないな、とは思いましたが。

そうしたら麻生さんが近づいてきて、「中国なんか行くのやめろよ。いま行ったって右翼に叩かれるだけだぞ。それに東京にいれば三役の一つぐらいは回ってくるかもしれないぞ」と話しかけてきた。私は「約束しちゃったから行くよ。今さら三役でもないだろう」と言って、翌日から中国に行っちゃったわけです。

中国から帰る前の日の夜、新聞記者から一斉に電話がありました。安倍総裁から副総裁にという話はありましたか、と聞かれたけれど、私はそんなことを聞いていない。だけど何人もかけてくるから、そんな話が東京で出回っているのかなと思っていたら、向こうの時間で夜の11時ぐらいに安倍さんから電話があった。副総裁をお願いします、明日日本にお帰りになったら来てくださいい、と。それで私は携帯を切って寝てしまいました。電話がかかってきたら嘘をつくか、まだ言っちゃいけないことを先にばらすことになるか、どっちかになるわけだから。

竹中 その後、選挙があって、もちろん自民党が勝ちますが、この総選挙について印象に残っていることはありますか。

高村 何もないですね、勝つと決まっていた選挙ですから。

竹中 財務大臣になる麻生さんから外務大臣への打診があって断った、という話を以前にうかがいました。

高村　俺が財務大臣をやって、おまえが外務大臣をやって、二人で安倍を支えよう、と。俺は嫌だよ、この汚い副総裁室が気に入ってるんだ、と麻生さんに言ったから、それは確実に安倍さんに伝わると思った。人事はあの二人で大体決めていると思っていましたから。

なのにテレビでは、高村外務大臣で決まったみたいなことを言っている。そこで、偉い人のところに行くのは嫌いなんですが、仕方なく副総裁室から総裁室に出向いて、「私を党に置いていってください」と言いました。

そうしたら、「麻生さんから聞きました。高村さんは大臣になっても、なった日と辞める日しか嬉しくないそうですね」と。そんな話、麻生さんにはしていないんですが、大昔、最初に閣僚になった経企庁長官のお別れ会見でそういうことを言っているんですよ。「政治家の性で、またしばらく経ったらやりたくなってしまうかもしれないが」と付け加えましたが、外務大臣を断った最大の理由は、前にも言った通り、安倍さんが集団的自衛権をやるなら私が副総裁でいたほうがいいと思ったからです。

TPPの基本方針を巡り日米を仲介

兼原　2012年の12月に安倍政権ができまして、2013年以降、安全保障関係の政策が一気に進みました。NSC（国家安全保障会議）を作って、特定秘密保護法を制定した。防衛装備移転三原則もやった。財源にも気を配り、消費税を8％に上げました。消費税は最終的には10％になりました。集団的自衛権の閣議決定が2014年の7月。その翌年には平和安全法制です。同時に動いていたのが、防衛ではなく貿易の方のTPP（環太平洋パートナーシップ協定）です。これは民主党政権の時代から議論がありましたよね。

高村　TPPの議論は、自民党が野党の時代からありました。民主党政権の野田さんはやりたかったけれど、なにしろ与党の民主党がまとまらなかった。

茂木敏充政調会長から、外交・経済連携調査会の会長就任を打診され、色々調整がありましたがお受けした。その会にはTPP検討小委員会を作り、林芳正さんに小委員長になってもらいました。そうした会議で聞いていると、表で発言する人に限って言えば、TPP反対という人が圧倒的に多い。反対の理由は簡単で、「聖域なき関税撤廃が原則だから」というものでした。

もちろん少数ながら、参加すべきだという人も当然いる。でも賛成だという人の言うことを聞いても、聖域なき関税撤廃でもいいじゃないかという人はいませんでした。

私はずっと中立を装いながら議論を聞いていましたが、会議が終わってから小泉進次郎さんに、「高村さん、ガツンと決めてくださいよ」と言われてしまったことがある。小泉さんに本当は賛成だとわかっちゃうようじゃ、俺も未熟だなと思いました（笑）。

とにかく平場の論戦では決めきれないと思ったから、賛成派、反対派の幹部に集まってもらいました。反対派の代表は山田俊男さんという参議院議員で、全農協組織の代表的な感じの人。賛成派の代表は小泉政権の外務大臣だった川口順子さん。賛成派反対派それぞれ5～6人の幹部に集まってもらった。私の目的は一点だけ。「聖域なき関税撤廃を前提とする限り交渉参加に反対する」という方針を双方に呑ませることです。これでいいですね、と両方に迫りました。

山田さんは、自分たちが言っていたことだから、「それで結構です」との返事でした。川口さんは、「ちょっと考えさせてください」と言うので、「何を考えるんですか？　聖域なき関税撤廃が前提である限り交渉参加に反対する、ということは、その前提がなくなったら参加していい、ということですよ。これは川口さんのために作ったみたいな文章じゃないですか」と言いました。そうしたら川口さんは勘がいい人なので、「わかりました。それで結構です」と呑んでくれた。

ところが、今度はそれを聞いていた山田さんが、「ちょっと考えさせてください」と言う。そこで私は、「さっきいいって言ったじゃないですか。聖域なき関税撤廃が前提だから反対だと言っているのに、その前提がなくなっても反対だというなら、それは業界エゴ以外の何ものでもないじゃないですか」と強く言ったら、「わかりました」と。それで落着です。次の全体会議に諮ったら、両方から反対の声は出ませんでした。

そういう経過があって、総選挙でも「聖域なき関税撤廃を前提とする限り交渉に参加しない」を公約にして戦い、勝ったわけです。

それで、安倍内閣が成立した直後だと思いますが、アメリカ大使館から「新旧のアジア担当国務次官補が来ているので昼食を差し上げたい」と連絡があった。私は通訳も連れないで一人で行きました。古い方がカート・キャンベルさん、新しい方がダニエル・ラッセルさん。ラッセルさんは奥さんが日本人で、家でいつも日本語で叱られているからなのか、私より日本語がうまい。彼が、「聖域なき関税撤廃が前提である限り交渉に参加しないなどと言わないで、無条件で参加してくれ」と言ってきた。「それは無理だ、これは選挙公約だから」「日本にだけあらかじめここは聖域を設けていい、という約束をすることはできない」「そんなことは要求していない。あらかじめ一切聖域を設けてはいけない、ということを言って欲しくないだけだ」。そんな会話をラッセルさんと日本語でやりました。キャンベルさんに囁くためだけに通訳がついていた。

詳しく説明するといろいろ長くなりますが、簡潔に言うと、聖域ができるかどうかはあらかじめ決まっているわけではなく交渉の結果で決まる、そういうことをアメリカに言ってもらえればそれでいい、と伝えました。聖域なき関税撤廃が交渉の前提だ、なんて声高に言っていたのはアメリカ一国だけでしたからね。その日はそれでいいとか悪いとかいう結論は出さないで帰りました。

それで2013年の2月、安倍さんがオバマ大統領に会った時、オバマ大統領は安倍さんに、私がラッセルに言った通りのことを言ったんですよ。そしてその場で安倍さんは参加すると言った。

竹中　筋書き通りに展開したわけですね。

高村　あとはタフネゴシエーターである甘利さんとか、TPP対策委員長の西川（公也）さんが後ろに控えているわけだから。

兼原　政治家としては甘利さんが前に出て、途中で茂木さんが入って来て、あとは交渉官の鶴岡公二さんとか大江博さんがタフな交渉をしていました。あと江藤（拓）農水副大臣、この人は郵政造反組で、安倍さんが復党させたんですよね。そういう借りがあって、やりますという話になっていたんだと思います。その後ろには森山裕さんがおられた。万全の布陣です。

大きかったのは、国内の調整を担当した佐々木豊成さんという内政補（内政担当の内閣官房副長官補）がいたことです。彼が内政補を辞めた後に、TPP政府対策本部に行って国内調整総括官というポストに就く。安倍政権で初めて創られたポストです。財務省出身ですから、お金の配分が出来る。農業貿易で譲歩すれば、国内で必ず構造調整の補助金拠出という話になる。それがなければ交渉はまとまらない。無理にまとめようとすれば農業関係の議員や業界から政権が揺さぶられることになる。それで総理官邸は軽々に「うん」とは言えない。逆に言えば、そこがまとまれば交渉はまとめられる。国内を彼が抑えたうえで交渉官が対外的な交渉に当たった。非常に強力な交渉チームでした。

こんな通商交渉は戦後初めてです。USTR（米通商代表部）の人が、アメリカよりも優れたチームだと絶賛していました。

高村　経産省の人だと思いますが、当時、「高村さんの言葉を借りて、与党（民主党）内も収めようとしたんですが、収まるどころじゃありません。与党なのにまとまらない民主党と、野党なのにまとまる自民党はすごい違いです」と言っていました。

細谷　北岡伸一先生が民主党の会合に呼ばれてTPPの必要性について論じたときに、招待されて講演をしたのに厳しい批判をされたことがあったようです。この時、テレビカメラが入っていたので、民主党の議員たちは選挙向けのパフォーマンスに走ったのでしょうね。

結局安保法制もTPPも、ある意味で一番難しい部分、最初の法理を作るところでは高村先生が担当されたんですね。

高村　結果的にそうなりますね。ＴＰＰは安倍総理とオバマ大統領との間の事実上の根回し１回限りですが。

第8章　平和安全法制

細谷　では、そろそろ安保法制の話をお伺いしたいと思います。安倍総理の回顧録を読むと、とにかく高村先生に対する信頼は絶大ですよね。高村さんに論戦を挑んで勝てる人なんかいなかった、同じ話をしても、私は袋叩きになるが高村さんの話なら淡々と受け入れられる、と安倍総理は語っています。安保法制の論理を作られたということ、またニュートラルな立場で政治を俯瞰して見ているということで、本当に絶大な信頼を置いてらっしゃったと思います。

２０１２年12月に安倍政権ができて、その２カ月後には総理が第一次政権でもやっていた安保法制懇（正式名称は「安全保障の法的基盤の再構築に関する懇談会」）を再招集されました。７月の参議院選挙を待って、９月から本格的に議論をスタートして、私もそこからメンバーに加えていただきました。

最初にお伺いしたいのは、２月に再招集して９月に始めるまでの、その過程です。安保法制を巡っては、後に高村先生は公明党との協議をご担当されて、実質的に理論を作られた。高村先生と安倍総理のお二人でお話しされる機会もあったと思いますが、その頃のことで覚えていらっしゃる話があれば教えてください。

安保法制の前史

高村　びっくりするかもしれませんが、この問題について安倍総理と私が直接話したことって、ほとんどないんですよ。

細谷　そうですか。

高村　そこにいる兼原さんが毎日、私と安倍総理の間をつないでいました。

安保法制の前史の話をすると、谷垣総裁の下で自民党が野党だった時代、自民党の憲法調査会で集団的自衛権が今の憲法下で認められるかどうかという議論をやったことがあります。防衛関係者の多くは「認められる」と言っていましたが、ただ一人、集団的自衛権を認めるなら憲法改正が筋だと言った人がいます。中谷元さんです。山崎拓さんも同じ主張だったと思いますが、その時はいなかった。

私はそういう場ではあんまり発言しないんですが、その時は1959年の砂川事件に関する最高裁判決を踏まえてこう言いました。最高裁は国の存立を全うするための自衛の措置は認められるという一般法理を明らかにしている。従来の政府見解はこの判決の一般法理を引き継いでいる。ただし、当時の安全保障環境に当てはめて「個別的自衛権は必要だが集団的自衛権は必要ない」

ということで通してきた。安全保障環境が変わって、国の存立を全うするために必要な自衛の措置に、国際法上、集団的自衛権と言わざるを得ないものがあれば、その限りで集団的自衛権は認められる、と。

そうしたら驚いたことに、ひな壇にいた安倍元総理が、「高村さんの話はわかりやすいですね。根っこから——という言葉を私、初めて聞いたんですが——、根っこから認める場合は憲法改正が必要だが、必要最小限なら今の憲法下でできるということですね」と言ったんです。第一次安倍政権の時に安保法制懇がどういうことを言っていたのかは、私はほとんど閣外にいたから知りませんが、新聞で見た限りでは「根っこから丸々認める」みたいな意見が多かった印象があった。当然、安倍さんもそうだろうと思っていましたから、「えっ、一部容認でいいの？」とびっくりしたんです。私は、限定容認という言葉はあんまり使わないで、一部容認と言っていたんですが。それがまず最初です。

それで安倍さんが自民党総裁になって総選挙をやるとなった時、皆さんお気づきになっていたかどうかわかりませんが、自民党は集団的自衛権の容認を公約に掲げているんですよ。私はその公約には関与していないんですが、掲げようとした時にちょっとした騒動があった。事務方から電話があって、集団的自衛権の容認を公約に掲げようとしたら中谷さんが反対している、説得してください、とのことでした。私は中谷さんにすぐ電話して、集団的自衛権の容認といっても丸々認めるという意味じゃなくて、日本近海で米艦を防護するような一部のケースに限って認めるという意味だから納得してくれ、ということを言ったら、了解してくれました。

私が安倍さんとこの件で二人で直に話したのは、多分2013年の9月が初めてです。二人の間は官邸で安全保障を担当されていた兼原さんと髙見澤（將林）さんがずっとつないでくれていましたから、私と安倍さんの間に意見の相違がないことはわかっていた。そこで、記者懇で集団的自衛権の一部容認の論理を15分間ぐらい展開しました。そうしたら自民党の優秀な職員が、私が言った通りのことを全部メモに取ってくれたんです。私はそれを持って安倍さんのところに行って、安倍さんに「これでいこうと思いますが、いいですね」と確認を取り、実際に「じゃあこれでいきましょう」ということになった。

自民党の役員会とか役員連絡会ではしょっちゅう一緒でしたし、そうした場では私なりにいろんな話はしていたけれども、集団的自衛権の一部容認について対外的にまとまって話したのはその記者懇が初めてでした。記者さんたちはそういう理論的な話は全く記事にしませんが。その前に3～4分話したのが、さっき言った自民党が野党時代の憲法調査会です。

細谷　それが今回の安保法制の改正につながる原点みたいなものなんですね。これはいつぐらいだったか覚えていらっしゃいますか。

高村　2012年じゃないですね、もっと前です。

さらに遡ると、小渕内閣の外務大臣の時代に、周辺事態法の議論で安倍さんがバッターとして国会質問に立ったことがあります。事前に安倍さんが集団的自衛権について聞きたいと言っているというから、「そんなのいま聞かれたら迷惑だし、後々困るから潰してこい」と事務方に言ったんですよ。そうしたら「どうしても聞きたいと言っている」とのことで、仕方なく答弁に立ちました。確か、「現時点での政府解釈では、集団的自衛権は行使できないことになっています」と断った上で、役所のその時点の見解をそのまま話した。

細谷　ありがとうございます。何となく原点がクリアになってきました。野党時代の自民党の憲法調査会で、高村先生がお話しされたのに安倍さんが感銘を受けたことは大きかったようですね。のちに安倍政権ができた時に、おそらく安倍総理の頭の中には、安保法制の解釈については高村先生に任せれば安心だ、その論理を使えばいいということが残っていたのでしょう。また、官邸に拘束される総理・総裁と違って、副総裁は自民党の建物の中にいて党の意見を集約しやすい。そうした二つの理由から、安倍総理は高村さんの理論をお使いになったように感じます。

高村　安倍さんって、ロマンチストであると同時にリアリストでしょ。そのリアリストの安倍さんは、この論理ならいけると判断したのだと思います。

左右双方から攻撃を受けた「一部容認論」

細谷　第一次安倍政権でできた安保法制懇の報告書は、結局福田政権に提出することになりました。その時の安保法制懇の報告書ではまさに芦田修正（憲法第9条第2項に付された「前項の目的を達するため」という文言が、憲法改正小委員会の芦田均委員長によって加えられたことにより、自衛のための戦力は持ちうる、とする解釈）、要するに限定的ではなくてフルスペックで集団的自衛権を認め、もっと言ったらポジティブリストからネガティブリストに変える（注　「できること」をリスト化するのではなく、「できないこと」をリスト化することで、リスト以外のことは何でもできるようにする仕組みに変える）ような大転換を元々想定していた。それは多分、福田政権の時には実現しない。だからこそ逆に、安保法制懇のメンバーはみんな言いたいことを言ったと思うんですよね。

第二次安倍政権の時の安保法制懇は、それよりトーンダウンしたとはいえ、やはりかなりハイスペックな集団的自衛権の容認を想定し、憲法解釈も芦田修正に近い形で変えていこうとしていた。先生は多分、そこも気にしていらっしゃったと思うんですね。覚えていらっしゃらないかもしれませんが、ワシントンD.C.に行く飛行機でたまたま高村先生をお見かけして、私が安保法制懇のメンバーでしたとご挨拶したら、「やっぱり安保法制懇のメンバーの皆さんは限定的な行使容認を怒っているんですか」って聞かれました。

高村　いや、気にしていません。私は最高裁論理でやろうと思っていましたから。私は芦田先生を尊敬していますが、芦田理論は最高裁が採っていない。私の思うところでは、砂川判決を書いた田中耕太郎長官は、条約優位論、国際法優位論で全裁判官を説得しようとしたけれど、おそらく説得しきれなかった。私の推測では、ですよ。だから、将来私が利用することになる集団的自衛権の一部容認の論理を15人一致で出したんですよ。最高裁の民主的な仕組みでそういう結論になっているなら、これに従うよりしょうがないじゃないですか。学者は何でも言えるんですよ。

細谷　おっしゃる通りです。

高村　平和安全法制を巡っては、憲法学者たちが「集団的自衛権は違憲である」と表明して、政権与党は苦しい目に遭わされましたが、私は憲法学者批判をしたことは一度もありません。憲法学者が憲法の条文に従って思うことを述べるのは、学問の自由ですから当たり前です。けれど、中学生でも知っている「憲法の番人は最高裁である」ということを無視して、（衆院憲法審査会に参考人招致された）3人の憲法学者が「集団的自衛権は憲法違反だ」と言った途端、せっかく現実的平和主義を是認していた野党の有力政治家が「これで自民党に勝てる！」と政局に走り、国民の命と暮らしを守るべき政治家としての立場を放棄して、徴兵制になるだの軍靴の音が聞こえるだのと世論に迎合する形でデマを飛ばしまくった。私が批判したのは、そういうデマをばらまいたり便乗したりした政治家であって、憲法学者は批判していませんよ。

あの3人の憲法学者が平和安全法制の審議と全く別のところで「集団的自衛権は憲法違反だ」と言ったことによって、私たちは法案を通すために大変な苦労をしたけれども、立憲民主党の指導者たちは、今その千倍万倍の苦労をしています。「間違いを認めて早く楽になれ」というのが、議員ＯＢとしての私のアドバイスです。

兼原　自民党は公明党と連立を組んでいましたから、フルスペックの集団的自衛権容認は公明党が認めない以上、絶対にできない。政治的な出口は憲法上の制約を国際法上の自衛権にかぶせる一部容認しかなかったんです。高村先生には一部容認論を引っ張っていただいて、公明党の中もじわじわっと変わっていきました。有識者会議の方々は全面容認論に近かったので、かなり様子が違っていましたが、最後の瞬間に「これじゃないと政治がまとまらないんです」ということでご納得いただいた。

ただし、有識者会議の議論がフルスペックの集団的自衛権行使の議論を引っ張ってくれたおかげで、限定容認された集団的自衛権の議論が広がりを持ちました。日本を守るためにミサイル防衛を任務とする米海軍の軍艦と海上自衛隊の護衛艦が日本海に一緒に展開しているとき、米海軍が攻撃されたら、海上自衛隊は反撃する。これは集団的自衛権でしか説明ができない。これだけは認めなくてはいけないという雰囲気が公明党、法制局、野党の一部にもあった。私たちは、そんな個別事例に局限した容認論では困ると思っていました。結果としてですが、有識者会議のフルスペックの集団的自衛権容認論の存在は、集団的自衛権の限定論が極端な議論にならないように援護射撃してくれたと思っています。

細谷　当時の安保法制懇では、芦田修正説のように、従来の憲法解釈を大きく修正することを求める声が多数だったように記憶しています。ただし、実際問題として芦田修正説を最高裁が採用していない以上、主張を戦わせても最後のところで勝てる見通しがない。逆に言うと、砂川判決をもとに限定容認でいけば勝てるはずだということを考えた時に、やっぱり芦田修正で突っ込んでいくというのは難しかったかもしれません。自民党が公明党と連立を組んでいたということもそうですが、やっぱり限定容認しかなかったんでしょうね。

高村　田中耕太郎長官は、私の勘ではほぼ99％、国際法優位説ですよ。芦田修正じゃない。国際法優位説で15人を説得しようと思ったのが説得しきれなかった。だからなのか、判決の補足意見でいろいろ書いていますよね。

細谷　牧原出さんという我々の友人が『田中耕太郎——闘う司法の確立者、世界法の探究者』という中公新書を出しています。田中はカトリックで、普遍的な正義というものにすごくこだわっていたということを書いています。国際法をもとに正義というものを考えて、日本とのずれを解消しようとしたけれども、法理論としてはどうしても国内的に限界があった、ということでしょうね。

高村　集団的自衛権の限定容認って言うけれど、あれは個別的自衛権にも関わっているんですよね。

竹中　公明党の議員の方とこの話をすると、いまだに「これは個別的自衛権の延長だ」と言う方がいますね。

高村　日本近海における米艦防護が個別的自衛権ですなんて言う必要は全然ない。どっちかと聞かれたら一般的には集団的自衛権に決まっている。集団的自衛権というのは、国連憲章が認めた権利なんです。

竹中　限定的と言っても、解禁してしまえばあとは政府の解釈問題なので、いくらでもいけるのではないかという議論がありますが。

高村　いくらでもいけると言ったって、例えばキューバ軍がアメリカに攻めてきたとして、日本は行きませんよ。「国の存立を全うするために必要な自衛のための措置」とは言えませんから。

内閣法制局という組織が間違えたのは、安全保障がわかる人が抜けているからです。裁判官は入っている、財務省どころか農水省まで、あらゆる役所の人が入っているのに、幹部クラスには外務省の人も防衛省の人も入っていなかった。だから安全保障については赤ちゃん同然なんですよ。

兼原　内閣法制局第三部に外務省の参事官がいますが、国際条約専門ですから、第一部担当の憲法論に容喙できません。第一部は経済官庁出身者で固められていて、軍事、安全保障のリテラシーはゼロです。もちろん自衛隊員の存在は皆無です。内閣法制局第一部は、そろそろ自衛官か防衛官僚を補佐に置いて、安全保障をきちんと勉強して欲しい。

70年談話で獲得した国際世論の支持

細谷　2013年12月に国家安全保障会議（NSC）、翌1月にその事務局の国家安全保障局ができます。これによって、安全保障政策の決定過程が劇的に変わりました。従来も安全保障会議はありましたけれども、会議の平均時間は十数分程度でした。会議の回数じたいも前年は10回ぐらい。それが2014年、国家安全保障会議は33回開かれて、平均の審議時間も長くなりました。これは戦前からの宿痾を乗り越えた非常に大きな転換だったと思いますが、一方で、自民党の中には不満も溜まる。従来は部会があって、ボトムアップで官邸に上げていたものもあったと思うんですが、そこの部分のウェートが下がって官邸で決める量が増えた。これは戦後70年談話にも関係してくると思うんですが、自民党の中で、十分に自民党の声が聞かれていないという話が私にも入っていました。

先生は党の側に居られたわけですが、NSCが出来て政策決定過程が変わっていくことに対してはどうお感じになっていましたか。

高村　私は全面的に評価しています。実際、いまおっしゃられたような面はあったわけだから、いろんな思いを持った人はいたでしょう。70年談話が気に食わない人だって多分いたはずです。私は70年談話、全面的に支持していましたけどね。たぶん安倍さんご本人より支持していたんじゃないですか。

細谷　私の記憶では、安倍総理が70年談話を作るとはっきり明言されたのが2015年の1月の総理の年頭記者会見でした。そこで、基本的には歴代内閣の立場、すなわち村山談話と河野談話を継承すると発言されています。従来の政府談話を継承するだけならご自分で談話を発しないというやり方もあったと思いますが、この年の2月から21世紀構想懇談会を発足させて、70年談話への取り組みを開始しました。ここにいらっしゃる川島さんもメンバーになられ、私も1回、首相官邸でお話しさせていただきました。

高村　私は直接聞いていないですが、ああいうものを出したら自民党の中に不満はあるはずですよね。この談話を作ることについて、私は安倍さんに対して何か言ったことは一度もありません。だけど、あれはリアリストとしての安倍さんが出したものだ、と理解しています。ロマンチストとしての安倍さんが出した本が、『美しい国へ』ですが、リアリストとして出したのが70年談話。私はそばにいたからリアリストの面も十二分に見ていましたが、例えばフランスやドイツの政治家たちがそれをわかっていたかどうか。トランプさんの同類じゃないのか、と思っていたかもしれない。安倍さんのトランプさんとの関係は和して同ぜずで、こんなにうまくやっている人はいないと我々は高く評価していたけれども、ヨーロッパの人たちは『美しい国へ』だけを見てトランプの同類だと思っていたかもしれない。それを払拭できたのが70年談話ですよ、安倍さんは自由貿易主義者だし、地球温暖化についてもしっかりやるべきだという立場。70年談話があったから、メルケルさんとトランプさんの通訳もできた。

細谷　安倍さんがお亡くなりになられた時に、世界でいろんなメディアが発信しましたが、私が見ている限り8割強ぐらいは好意的な評価でした。アメリカの上下両院での演説（15年4月）でアメリカ国内での見方がガラッと変わり、世界全体で見たら多分70年談話で変わった。

私は世界のいろんな会議に出て話す時はいつも、安倍総理は世界で唯一、「二つの言語」をしゃべれる政治指導者である、と言っています。すなわち、国民のナショナリズム、ポピュリズム的なものに応える「言語」と、理性的に世界の中で日本を説明する「言語」です。トランプさんは前者だけ、デーヴィッド・キャメロンさんとかメルケルさんは後者だけ。それでは、国民のモヤモヤした気分には応えられないから、ポピュリズムの高まりを抑えられない。ドイツではAfD（ドイツのための選択肢）が存在感を高め続けています。

立憲主義を勘違いしていた人たち

兼原　政治的な視点から集団的自衛権の問題を見ると、公明党の理解をどう取り付けるかが一番の急所だったんですよね。こちらが本丸だった。自民党の中のとりまとめは石破先生で、公明党との関係は高村先生でした。公明党のカウンターパートは北側先生です。

公明党は公明党で党内の意思決定プロセスがあり、党内ではいろいろと議論があった。創価学会との関係も気になる。官邸では高見澤さんが公明党の議論を見ていて、私は自民党の方を見ていましたが、自公協議ではいつも二人で高村先生の背後に控えていました。北側先生との会談は数十回はやりましたよね。

高村　25回ぐらい。自公の党と党としての表の会合も同じぐらいありました。そこでは集団的自衛権の話は一切しない。裏で私と北側さんだけでやっていました。

兼原　それぞれにすごい政治の水圧がかかっていますから、公明党は公明党で苦しいわけです。私も公明党の部会に呼ばれたことがありますが集中砲火を浴びました。表舞台では握る気はない。だからどこで落とすんだという話をずっと裏でやらなくちゃいけない。

高村　自民党の中をまとめるのは石破さんだったけれど、平和安全法制の準備に作った組織の第1回会合で、私は講演しているんですよ。本部長が石破さん、事務総長が中谷さんで、彼らが私のところに頼みにきた。私は顧問だったのかな。組織名は……。

竹中　安全保障法制整備推進本部ですか。

細谷　2014年の3月に第1回の会合で、高村先生が全体会合で講演をされています。

兼原　これはちょっと書くのは機微ですけど、みんな高村先生の法理に納得してしまったので、石破先生は面白くなかったようです。

細谷　安保法制懇のメンバーだった際に、一度直接石破先生からお話をうかがう機会がありました。自民党の中で、いろいろな考えがあったわけですね。いわば「右」には、基本法を制定してフルスペックでいきたい石破さんたち、「左」にはフルスペックでいくなら憲法改正が必要だとする中谷さんとか、山崎拓さんもそうかもしれません。その中で、限定的容認の高村さんの考えが真ん中にいた感じですね。

安保法制懇が再始動した2013年2月の時点で、安倍総理がフルスペック派かそうじゃないのかは我々メンバーにはわからなかったんですが、今の話を聞くと、もう野党時代に高村先生の話を聞いて、フルスペックが難しいことは理解して、自民党内の多様な意見を真ん中にまとめる時に、高村先生の法理を中心にしようと考えておられたのでしょう。

国際政治学者の多い安保法制懇の中でも、かなりラディカルに憲法解釈を修正する必要を説く声も聞かれました。自分たちこそが法理を作るんだという感じもありましたね。

高村　もし国際政治学者がそう考えていたとしたら、それは憲法学者と同じ間違いをおかしていますよ。憲法学者で最も影響力があると思われている人が当時、「憲法学者コミュニティのコンセンサスの範囲でのみ解釈変更ができる」なんて言っていた。そんなことは憲法のどこにも書いていない、法律を作るのは立法機関の国会であり、憲法の番人が最高裁であることは中学生でも知っている日本人の常識ですよ。

はっきり言って、田中耕太郎長官は根っこから派だと思いますよ。彼は国際法優位説だから、国連憲章51条で認められている集団的自衛権に限定を付ける理由はない。それでも他14人の裁判官を説得しきれなかった。だから、「国の存立を全うするために必要な自衛のための措置ならできる」という限定をつけて承諾を得た。最高裁というのは非常に民主的な仕組みなんです。長官がどう考えようが、それにかかわらず、15人一致になる考えを出した。憲法の番人がそう言っているなら、それに従う以外ないじゃないですか。

兼原　最高裁じゃなくて自分こそが憲法の番人だと思っている人が、憲法学界にたくさんおられますよね。

細谷　当時、ある高名な憲法学者の方が、憲法学者のコミュニティの意見に従うのが立憲主義だと言っていましたね。また、内閣法制局の元長官の一部の方も、現役の長官ではなく、ＯＢである自分たちの立場を尊重することがあたかも立憲主義だ、というような発言も見られました。これは本来の立憲主義の理念とはだいぶ異なると思うのですが、当時はメディアも世論も、あるいは自民党の中ですら、そうした発言に動かされていた。あの時はどういうことを感じていらっしゃって、マイノリティをどうやってマジョリティに変えていかれたのですか。

高村　当たり前のことを繰り返して言うよりしょうがないじゃないですか。憲法学者や法制局長官ＯＢたちは言うに及ばず、その反対側の芦田修正論の人たちにも、ですよ。私の父は芦田均さんに可愛がられていた人間だし、芦田修正論というのは、「憲法はすべて文言通りにやれ」という人たちに対するアヤを作る意味で政治的に大いに意味のあった議論だとは思いますが、最高裁はもちろん日本政府としても一度たりとも採用したことはない。それでいくというのはやっぱり立憲主義じゃないですよね。最高裁は採用していないわけだから。

兼原　これが高村大臣なんですよね、憲法学界では砂川判決を当たり前だと思わない人が99％だから。

日本の憲法論って、要するにイデオロギー論争なわけですよ。左翼の人たちの憲法論は、日米同盟は違憲だとか自衛隊が違憲だとか、東西冷戦の中で右に行くか左に行くかという一次元の議論しかできない。特に、9条論争は、日米同盟や自衛隊の否定と東側勢力の代弁という特定の政治目的があってやっている活動家の議論です。何が本当の立憲主義なんだということを考える時、戻るべきは憲法の条文と最高裁の判決です。国民の安全を無視する憲法の解釈は、そもそも主権者である国民は、自らの安全と暮らしを守るために政府に権力を託しているのだという憲法の原点を忘れている。この当たり前のことが日本の憲法学界は言えなかった。逆に、最高裁の砂川判決を可能な限り無視してきたわけですから。

些末な似非《えせ》法律論が横行する割には立憲主義の根本がわかっている人が、案外、この国にいないんですよ。この議論をやっている時に高村大臣が「兼原君、この国には、小さな常識があって大きな常識がない人が多いんだよ」と、よく言われていたことを思い出します（笑）。

竹中　砂川判決に注目されたのはいつ頃からですか。

高村　存在はずっと知っていました。法学部の学生ならみんな知っています。注目したのは、私が海部内閣の国連平和協力法の末席理事をやった時です。委員長は加藤紘一さんで、自民党の筆頭理事が山崎拓さんだった。

竹中　その時に砂川判決を熟読された感じですか。

高村　いやいや、熟読はしない。国連平和協力法の前提として、砂川判決の法理を安全保障環境に当てはめて、「国の存立を全うするために必要な自衛のための措置」に国際法上、集団的自衛権と言わざるを得ないものがあれば、その限りで集団的自衛権はできる、と考えるようになり、これを説明するためにだんだん深く読むようになりました。

竹中　平和安全法制の20年以上前からそうした考えを温めていらしたのですね。

高村　明確ではないにしても温めてはいました。だけど平和安全法制の議論の中で、いろんな反論みたいなものが出てくると、その都度深くなっていくわけです。

平和安全法制の審議の中で、集団的自衛権をめぐって砂川判決に言及すると、あの頃の裁判官の頭の中には個別的自衛権はあったけれど集団的自衛権はなかった、なんて反対派が言っていました。けれど判決の中にはちゃんと、「国際連合憲章は、すべての国が個別的及び集団的自衛の固有の権利を有することを承認し……」と書いてあります。頭の中になかった人たちが集団的自衛権って言葉を何で書けるんですかって反論していました。

兼原　日ソ共同宣言の3項にも、ソ連だけでなく日本も「国連憲章51条に掲げる個別的または集団的自衛の固有の権利を有する」と書いてありますよ。

高村　要するに、でまかせですよね。

細谷　私の『安保論争』という本の中でもかなり詳しく書いたんですが、60年代半ばに内閣法制局が立場を変えているんです。ベトナム戦争が理由だと思います。ベトナム戦争、さらに第二次朝鮮戦争が起こったら、自衛隊が派遣させられるんじゃないかという懸念が、60年代半ばの佐藤栄作政権の時に出てきた。それまでは内閣法制局の中でも、現行憲法下で自衛隊の国連軍への派遣もできると言っているんですね。実は60年代前半に内閣法制局の中での検討では、指揮権が国連にある限り自衛隊も国連軍に参加できる、としています。それが佐藤栄作政権になって、私が見た限りは、予算を通すために野党と妥協した。それで社会党に対して、集団的自衛権を行使しないということを内々に言ってしまう。これ、私は大きな誤りであったと思います。

なので、高村先生の論理によって、内閣法制局は60年代前半ぐらいまでの本来の論理に戻った。65年から安倍政権の2010年代半ばまでがむしろ逸脱していたのだとも言えます。けれどそうした歴史的経緯を見ずに、安倍政権が立憲主義を壊したなどという言い方がされました。

安倍総理は回顧録の中で、総裁選に勝って一番初めに自民党内をまとめることを考えたと言っています。自民党内にもいろいろな意見があったと安倍さんは書いている。高村先生からすると、自公協議に比べれば自民党内はそんなに大変ということはなかったという感じですか？

高村　党内については、さっき言った最初の私の講演で、朝日新聞が「高村副総裁が自民党を平定した」と書いた。副総裁って何の権力もないんだけど。

細谷　それでも副総裁のご意見が、幹事長である石破さんに勝ったわけですよね、自民党内で。

高村　それは勝つに決まっています。私が言っていることは最高裁が言っていることで、石破さんの採っていた芦田修正説は最高裁はもちろん日本政府も採用したことはないわけですから。

細谷　これは直接先生のお役目じゃなかったと思いますが、あとは世論に対していろいろと説得する。これは一番難しかったと思いますが。

高村　私は勝手な立場だから一番発言して、世論にもずいぶん影響したと思います。

大江健三郎を嫌いになれない理由

兼原　フランス大使だった小松一郎さんが2013年8月に内閣法制局長官に来られることになった時には、ちょっと話題になりましたよね。小松さんは集団的自衛権を認めさせるために安倍総理が内閣法制局に送り込んだ男とされていましたから。

実は、私はかつて国際法局で彼の部下だったので、フランスにいる彼に国内の議論の状況をずっと伝えていました。公明党も法制局も含めて、誰も集団的自衛権是認自体には原則として反対はしていない。ただ、集団的自衛権行使の範囲は「ちょこっとだけにしてくれ」と言っている、と。だから小松長官の頭も帰国されるころには、フルスペックの集団的自衛権容認論ではなく、憲法論の枠がはまった限定容認論で行こうということになっていたと思います。

高村　私も小松さんのことを国際法優位論者で、それゆえにフルスペック派だと思っていましたが、「副長官補とは限定容認で進めています。総理もその路線です。それでいいですね」と確認したら、「ええ、憲法がありますから」と答えていました。何の問題もありませんでした。

細谷　自公の交渉以外で、高村先生が一番面倒だったり、お力を入れたりしたものには、どのようなことがありますか。

高村　2014年5月、安保法制の議論がすでに始まっている時期でしたが、北側さんや岡田さんと一緒に日中友好議員連盟として訪中しました。その時に、唐家璇さんが北側さんと岡田さんのところに訪ねた話はしましたよね。

川島　はい、伺いました。

高村　北側さんはそのことを私に教えてくれたんですが、自分が本当に集団的自衛権の問題をまとめなきゃいけないなと思ったのは、高村さんがいかに日中関係を大切に考えているかがあの時の訪問でわかったからです、と自公協議決着後に言ったんですよ。

兼原　面白いですね。公明党も中国をすごく大事にしますよね。

高村　日本軍が強すぎて、蔣介石軍が弱すぎたから、戦前の日本は国策を誤った。逆に中国が強くなりすぎて、日本が弱くなりすぎて、日米安保がおかしくなったら、中国側が国策を誤らないとも限らない。そうしないための集団的自衛権なんです。日中の平和のためにはやっておいたほうがいいんですよ。まあ、中国はそう思わないだろうけどね。

細谷　2014年11月に安倍総理が訪問して、初めて習近平と首脳会談をし、4項目合意を作ります。安保法制が進んでいくことによってアジアとの関係が壊れるということを、一部のリベラルな論者たちが言っていたわけですが、安保法制を進めるということと日中関係が改善するということはセットでお考えになっていたんですか。

高村　中国が喜ぶということはないと思います。自分の国が強くて周りの国が弱いほうがいいみたいな気がするけれど、実際はそうじゃない。均衡が取れていたほうがいいということです。

竹中　そうするとウクライナの場合、もっと防衛力を増強して攻められないぐらいの構えをしておくべきだった、ということですか。

高村　ウクライナ一国じゃロシアから守り切れないですからね。だから、自ら強めるのと同時に、他国の支持を得る努力はしておくべきだったでしょう。全体の力関係の中でどうやって押さえ込むかを考えなければいけない。

ゼレンスキーは戦時の大統領としては最高の人でしょう。けれど攻められてしまった。それはウクライナ自身の問題もあったでしょうし、プーチンのロシアと共存できると思ってしまったドイツやフランスの問題、半腰の支援しかしなかったアメリカの問題もある。なかなか微妙なところですよね。だけど少なくとも、日本はうまくやってきたわけです。

ちょっと話が逸れますが、大江健三郎さんという人がいたでしょ。私のような仕事をしてきた人間は、大江健三郎さんが嫌いに違いないとみんな思いますよね、普通は。

兼原　印象論だけで申し上げれば、そういう気がします。

高村　私は、大江さんは嫌いじゃないんです。なぜかと言えば、彼は、日本が第二次大戦後ずっと平和であり続けたということはすごいことである、と何度も何度も言っているからです。これだけで立派な人じゃないですか。ずっと平和であり続けることがどれだけ大変かもわからないで、日本外交には理念がないだの何だのと言って重箱の隅をつつくようなことばかり言っている人たちに比べれば100倍も偉いですよ。

大江さんと私の違いはこうです。大江さんは、憲法9条があったから平和であったと考える。私は、9条があったにもかかわらず大きな常識に基づいて自衛隊を作り、日米安保条約を結んで、平和外交努力とともに抑止力も重視してきたから平和であった、と考える。それだけの違いです。

平和が一番大切だと考えるのが外交安全保障の基本である、というスタンスは彼と全く同じです。だから私は嫌いじゃない。

ドイツのメルケルさんは、ドイツ語が上手で一応もっともらしいことを言うプーチンと共存できるという誤解をして、国の生存の根幹であるエネルギーをロシア頼みにするという政策をとってしまった。だけど今度のショルツ首相は、ウクライナに武器援助までしている。じゃあメルケルさんがそれに反対かというと、賛成している。彼女はもともと物理学者なので、プーチンが武力という言語しか解さない人だということがわかって、自分が立てた仮説が間違っていたと気付けばその先の考え方も変わるという当たり前のことをしているだけ。ロシアのウクライナ侵略を見て大江健三郎さんが意見を変えたかどうか、そこはわからない。彼は文系ですから、理系のメルケルさんのようには変えることはできなかったかもしれませんが、そうできたという期待はないわけではない。

それともう一つ、私と大江健三郎さんの違いは年の差です。大江さんは、米軍の進駐によって権力者が替わった時、小学校の先生たちが恥ずかしげもなくコロッと変わったのを体験しているわけです。それは大人を信じなくなるでしょう。愚者は体験に学び、賢者は歴史に学ぶとは言っても、それだけの体験をしたら、体験だけに拘泥するのはしょうがないかと私も思います。

積み残した憲法改正

細谷　安倍政権が積み残した課題の一つに憲法改正があります。安倍総理は国民投票法を通されましたが、次は国会の方で憲法改正試案を作らなければなりません。一番の焦点はもちろん憲法9条ですが、自民党から出てきた案は、公明党との妥協もあって2項は残し、3項を足してそこで自衛隊が合憲だとはっきり規定する、としています。高村先生はどうお考えですか。

高村　それでいいんじゃないですか。それが現実なんですよ。今、自民党の中で憲法改正の4項目（自衛隊の明記、緊急事態対応、合区解消・地方公共団体、教育充実）を作って、それが憲法審査会、特に衆議院の憲法審査会で議論されてきています。ロシアのウクライナ侵略があって、世の中的には少し憲法改正がやりやすい状況にはなっていると思いますが、やっぱり憲法を事実上の不磨の大典にしたいと考えている人たちの底力を侮ってはいけない。だから、今進んでいる範囲の中でどこまでできるかと考えるのが現実的であると思います。

私は今、自民党の憲法改正実現本部の最高顧問という立場ですが、現職の国会議員が第一線で一生懸命働いている中で、いまは追い風だからもっとやれとけしかけるようなことはしません。

細谷　安保法制で憲法解釈は変更したから、もう改正は必要ないという意見もありますよね。安倍総理はそうではなかったと思いますが。

高村　安倍総理はそうじゃないです。2項削除を含む改正をできるならしたいけど、それは現実的じゃないという判断だったんでしょう。

9条2項が諸悪の根源であるという考え方がずっと自民党の中に多数説としてあったことはあった。けれども大きな常識に基づいて自衛隊も作ったし、日米安保もできたし、集団的自衛権の一部容認もできて、これで日米同盟が堅固になったということは言える。しかし、いざとなったら命を懸けてくれと自衛隊にお願いする政治家の立場、国民の立場から言えば、自衛隊の違憲論が残っているのは良くない。だからせめて9条に3項なり、9条の2なりを加えて、自衛隊は合憲であるということだけははっきりさせましょうと。これが安倍さんの考え方であり、自民党の基本的な考え方です。

おわりに

兼原信克さんからこの本の企画を聞いた時、当時話題になっていた『安倍晋三回顧録』の検証のような話を期待されているものと思い、安倍総理・総裁に対する副総裁としての最後のご奉公と考え「喜んでお引き受けします」と答えた。それが、第二次安倍政権時に限定しない冷戦後の日本外交全体に関するオーラルヒストリーだと兼原さんに言われた時には、「こんなありがたい話はない」と、さらに喜んで引き受けた。本文中にも記したが、兼原さんは平和安全法制の論議が続いていた間ずっと、私と安倍総理の間をつないでいてくれた。身近で仕事を見ていた人がこのような企画を持ちかけてくれたことは、ことさら嬉しかった。

他の高名な学者の先生方3名とは今回、初めて長くお話をした。細谷雄一先生は、ＢＳテレビの番組などでもよく話しておられたし、安保法制懇のメンバーでもあったので、その論調は何となく認識はしていたが、今回、私の政治家としての原点にある言葉「外交の失敗は一国を滅ぼす」の故事来歴を詳しく教えていただいたのは、思いがけないプレゼントであった。

川島真先生は中国問題、竹中治堅先生は日本の内政がご専門だが、それぞれ細かいところまでよく調べておられるのには感心した。私は勉強嫌いで、両先生の本を読むことも、論文を読むことも無かった。自分に興味があり、かつ自分が大切であると考えていたこと以外は、大臣として決裁したはずのことも、派閥の会長として決断したはずのことも、スコンと忘れてしまっていた。今回、3人の先生方に思い出させていただいて、改めて考え直したことも多かった。兼原さんと先生方には、心からお礼を申し上げたい。

また、担当編集者の横手大輔さんには、何度も脱線を繰り返した私の話を、筋の通る形にまとめていただいた。併せてお礼を申し上げる。

こうしておよそ40年に及んだ議員生活を振り返ると、本当に運と人に恵まれていたな、と実感する。「外交の失敗は一国を滅ぼす」という信念から逸れずに政治活動を続けてこられたのは、私が意志強固だったからではない。防衛政務次官として「ミスター防衛庁」の西廣整輝さんの知遇を得たこと。面識のなかった山崎拓さんからの連絡で自民党の国防部会長に就任したこと。この二つがなかったら、国連平和協力法案を審議する特別委員会で末席の理事になることもなく、「集団的自衛権の容認がいずれ必要になるだろう」などと発想する機会も得られなかったに違いない。

私は経済についてほとんど勉強したことがない。大学で経済学の単位は取ったはずだが、先生の顔も名前も覚えていない。ランブイエサミットに出て苦手だったはずの経済の大切さに気付いた三木先生が開いてくれていた、ごく少人数の経済の勉強会に出席し、御自身が経営者だった河本先生が派閥の例会の際に最初の3分くらいで語ってくれる生きた経済の話を聞いていたくらいである。大蔵政務次官として一定の評価を得ていたとしても、河本先生の弟子であるから生きた経済がわかるはずだと勘違いされたことが一番大きな理由で、経済企画庁長官として初の入閣に繋がったのだから、これも運である。

加藤幹事長、梶山官房長官の説得で、閣僚経験者ながら外務政務次官になった話は本文中でも語った。「降格人事」とも言われたが、私にとっては好きな外交に思う存分邁進できた、政治家生活でもっとも楽しかった時代だ。小渕さんは、もっとシニアな奴を外務大臣にしろ、どうしても若手を起用するなら自分の派閥内の若手を起用しろとの声を押し切って私を外務大臣にしてくれた。

国民に大人気だった小泉さんがもっとも強い時に、自民党総裁選にも出て、自分でも失礼だと思うほどの強い言葉で小泉さんを批判した。冷や飯を覚悟して小泉政権下でゆっくりと楽しもうと考えていたが、政調会長の麻生さんからの依頼で自民党の対外経済協力特別委員長になったり、官房長官の福田さんの依頼で総理特使としてサウジやエジプトを回ったり、イラク復興支援の調査のためにイラクへ行ったりと、外交活動で忙しく、ゆっくり楽しむどころではなかった。

第一次安倍政権で1カ月間だけの防衛大臣をやり、居抜き内閣と呼ばれた福田内閣で外務大臣に横滑りしたが、安倍さんが私を選んでくれていなかったら外務大臣への返り咲きはなかっただろう。その安倍さんは、自民党が野党時代に私の集団的自衛権の一部容認論を聞いて「わかりやすいですね」とおっしゃり、総裁選の後に副総裁にしてくれた。副総裁という動きやすい立場だったからこそ、集団的自衛権の一部容認に向けて、思う存分腕が振るえたわけだ。本当に、自分でも呆れるくらい、運と人に恵まれた政治家人生である。

幼少時代の私は落ち着きがなく、勉強も苦手で、小学校に入る時点でひらがなを読むことすらできなかった。私には3人の兄と1人の妹がいるが、成績を理由に母が学校から呼び出しを食らったのは四男の私だけだ。一学期が終わったところで、母は「正彦くんは就学猶予した方がよかったのではないか」と言われたそうだ。

そんな私でも今、政治家として40年の人生を全うし、そのことに120%満足している。「運も実力のうち」と言う人がいるが、それは間違いで、「運こそ実力」というのが私の実感である。ただ、それは私のように発達障害の気があり、かつ自他共に許す怠け者の人間の実感であって、多少でも努力する才能があって、多少でも根気のある若い人には、「継続は力なり」という王道を進んだ方がいいとお伝えして、最後の言葉としたい。

2024年5月

高村正彦

本書関連年表

1942年　3月15日、高村正彦出生。父・坂彦は元衆院議員・徳山市長。
1965年　司法試験合格。
1966年　司法修習生に。同期には神崎武法、横路孝弘、江田五月など。
1968年　弁護士登録。
1980年　いわゆる「ハプニング解散」による衆参同日選挙によって衆議院議員初当選（6月22日）。以来、連続12回の当選（旧山口2区、現山口1区）。
1987年　国際緊急援助隊法制定。竹下内閣（11月6日発足）で防衛政務次官に就任。
1989年　宇野内閣（6月3日発足）で大蔵政務次官に就任。
1990年　自民党国防部会長に就任。イラクのクウェート侵攻を受け、政府・自民党が国会に提出した国連平和協力法案が廃案に。
1992年　PKO法制定。
1993年　8党連立の細川内閣が発足（8月9日）。自民党は野党に。
1994年　自社さ連立による村山内閣（6月30日発足）で、経済企画庁長官として初入閣。
1996年　第二次橋本内閣（11月7日発足）で外務政務次官に就任。直後の12月に発生したペルー大使公邸人質事件の対応に奔走する。
1997年　3月、ペルー・キューバ訪問。フジモリ大統領、カストロ議長と人質事件の対応を協議。4月、人質解放。
1998年　1月、インドネシア訪問。スハルト大統領にIMFとの合意文書履行を説得。2月、カンボジア・タイを訪問し、同年のカンボジア総選挙に向けた調整に奔走。小渕内閣（7月30日発足）で外務大臣に就任。10月、金大中韓国大統領来日。11月、江沢民中国共産党総書記来日。

1999年　周辺事態法成立（5月）。
2000年　番町政策研究所（旧河本派）の会長に就任（7月）。加藤の乱（11月）。第二次森改造内閣（12月5日発足）で法務大臣に就任。
2001年　小泉内閣発足（4月26日）。
2002年　自民党対外経済協力特別委員長に就任。首相特使としてエジプト・サウジアラビア訪問。
2003年　衆院イラク復興支援特別委員長としてイラク訪問。国会でイラク戦争の支持演説。自民党総裁選出馬（9月）。
2005年　郵政民営化法案の採決を棄権（7月）。
2006年　自民党総裁選で派内を安倍晋三氏支持でまとめる。第一次安倍内閣発足（9月26日）。
2007年　防衛庁が防衛省に（1月）。第一次安倍改造内閣で防衛大臣に就任（8月）。安倍氏の辞任により発足した福田内閣で外務大臣に就任（9月）。
2008年　東シナ海ガス田開発をめぐる日中政府間合意（6月）。
2009年　民主党の鳩山内閣が発足。自民党は野党に。
2010年　尖閣諸島沖で漁船衝突事件が発生（9月）。
2011年　自民党の外交・経済連携調査会長に就任。TPP加盟をめぐる党内調整を担当。
2012年　自民党総裁選で安倍氏を支持。自民党副総裁に就任（9月）。第二次安倍内閣発足（12月26日）。習近平氏が中国共産党総書記に（11月）。
2013年　国家安全保障会議設置。
2014年　集団的自衛権の限定容認をめぐる自公協議を開始。
2015年　平和安全法制成立（9月）。
2016年　TPP協定成立（2月）。
2017年　衆議院議員引退。息子の高村正大が地盤を引き継ぐ。

本書は語り下ろし（「はじめに」と「おわりに」は書き下ろし）です。

新潮選書

冷《れい》戦《せん》後《ご》の日《に》本《ほん》外《がい》交《こう》

著　者……………… 高村正彦《こうむらまさひこ》　兼原信克《かねはらのぶかつ》　川島真《かわしましん》　竹中治堅《たけなかはるかた》　細谷雄一《ほそやゆういち》

発　行……………… 2024年6月25日

発行者……………… 佐藤隆信
発行所……………… 株式会社新潮社
〒162-8711 東京都新宿区矢来町71
電話　編集部 03-3266-5611
　　　読者係 03-3266-5111
https://www.shinchosha.co.jp
シンボルマーク／駒井哲郎
装幀／新潮社装幀室
組版／新潮社デジタル編集支援室
印刷所……………… 株式会社三秀舎
製本所……………… 株式会社大進堂

乱丁・落丁本は、ご面倒ですが小社読者係宛お送り下さい。送料小社負担にてお取替えいたします。価格はカバーに表示してあります。

ISBN978-4-10-603912-6 C0331

危機の指導者 チャーチル　冨田浩司

「国家の危機」に命運を託せる政治家の条件とは何か？ チャーチルの波乱万丈の生涯を鮮やかな筆致で追いながら、リーダーシップの本質に迫る傑作評伝。《新潮選書》

マーガレット・サッチャー
政治を変えた「鉄の女」　冨田浩司

英国初の女性首相の功績は、経済再生と冷戦勝利だけではない。メディア戦略・大統領型政治・選挙戦術……「鉄の女」が成し遂げた革命の全貌を分析する。《新潮選書》

欧州戦争としてのウクライナ侵攻　鶴岡路人

NATOとロシアの熾烈な抑止合戦、ウクライナ抗戦の背景、そして日本への教訓は――「欧州」の視座から、この戦争の本質と世界の転換を解き明かす。《新潮選書》

中東 危機の震源を読む　池内恵

イスラームと西洋近代の衝突は避けられるか。「中東問題」の深層を構造的に解き明かし、イスラーム世界と中東政治の行方を見通すための必読書。《新潮選書》

【中東大混迷を解く】サイクス＝ピコ協定 百年の呪縛　池内恵

一世紀前、英・仏がひそかに協定を結び砂漠に無理やり引いた国境線が、中東の大混乱を招いたと言う。だが、その理解には大きな間違いが含まれている！《新潮選書》

【中東大混迷を解く】シーア派とスンニ派　池内恵

いつからか中東は、イスラーム2大宗派の対立構図で語られるようになった。その対立が全ての問題の根源なのか。歴史と現実から導き出す、より深い考察。《新潮選書》

歴史としての二十世紀　高坂正堯

戦争の時代に逆戻りした今こそ、現実主義の視点から二度の世界大戦と冷戦を振り返る必要がある。国際政治学者の幻の名講演を書籍化【解題・細谷雄一】。

《新潮選書》

世界地図の中で考える　高坂正堯

「悪」を取りこみ、人間社会は強くなる――タスマニア人の悲劇から国際政治学者が得た洞察の真意とは。原理主義や懐疑主義に陥らないための珠玉の文明論。

《新潮選書》

文明が衰亡するとき　高坂正堯

巨大帝国ローマ、通商国家ヴェネツィア、そして現代の超大国アメリカ。衰亡の歴史に隠された、驚くべき共通項とは……今こそ日本人必読の史的文明論。

《新潮選書》

現代史の中で考える　高坂正堯

天安門事件、ソ連の崩壊と続いた20世紀末の激動に際し、日本のとるべき道を同時進行形で指し示した貴重な記録。「高坂節」に乗せて語る知的興奮の書。

《新潮選書》

世界史の中から考える　高坂正堯

答えは歴史の中にあり――バブル崩壊も民族問題も宗教紛争も、人類はすでに体験済み。世界史を旅しつつ現代の難問解決の糸口を探る、著者独自の語り口。
《新潮選書》

中国はなぜ軍拡を続けるのか　阿南友亮

経済的相互依存が深まるほど、軍拡が加速するのはなぜか。一党独裁体制が陥った「軍拡の底なし沼」構造を解き明かし、対中政策の転換を迫る決定的論考。

《新潮選書》